Jana Frey · Die vergitterte Welt

Jana Frey

Die vergitterte Welt

Mit 16 im Knast

Loewe

Für Juli.

Außerdem für meine Mutter Gisela Müller-Frey,
die mir Hunderte von Büchern schenkte und
Puff, der Zauberdrache *und* Wart's nur ab,
Henry Higgins *für mich sang.*
Und für meinen Vater Hans-Jörg Frey,
der mir eine ganz besondere Marmorbüste
namens Elise und die Schweiz schenkte.

Diese Geschichte basiert auf wahren Begebenheiten.
Die Namen und Schauplätze sind von der Redaktion geändert.

Zu diesem Buch steht eine Lehrerhandreichung zum kostenlosen Download bereit unter http://www.loewe-verlag.de/paedagogen

FSC
Mix
Produktgruppe aus vorbildlich
bewirtschafteten Wäldern und
anderen kontrollierten Herkünften

Zert.-Nr. SGS-COC-1940
www.fsc.org

ISBN 978-3-7855-6596-4
1. Auflage 2009 als Loewe-Taschenbuch

Umschlaggestaltung: Christine Retz
Printed in Germany (007)

www.loewe-verlag.de

Prolog

„Das ganze Leben ist ein Problem", erklärt mir Juli und trommelt nervös mit den Fingerspitzen auf den kleinen Tisch, an dem wir sitzen. „Zumindest mein Leben", fügt er nach einer kleinen Pause hinzu. „Und um mich rum waren auch schon immer Probleme."

Dann schaut er mich an. „Und du willst dir das alles echt anhören, den ganzen Mist?"

Ich nicke und Juli seufzt.

Und dann fängt er an, mir seine Geschichte zu erzählen.

Unsere Gespräche finden in einem stillen, abseitsgelegenen Besuchsraum eines Jugendgefängnisses in Süddeutschland statt.

Vor allen Fenstern sind Gitter.

1

Überall waren immer Probleme. Meine Mutter war schrecklich dick und sie schien immer schlechte Laune zu haben. Alles war ihr zu anstrengend und zu kompliziert. Meine halbe Kindheit über lag sie auf dem Sofa, aß Pralinen oder Schokoriegel und schaute fern. Zwischendurch weinte oder schimpfte oder schlief sie. Oder sie trank Sherry und Bier und Wein.

Mein Vater war auch ein Problem. Ein verschwundenes Problem, denn er war spurlos verschwunden. Schon mein ganzes Leben lang.

Meine Schwester hatte auch eine Menge Probleme. Jahrelang hatten wir keinen Kontakt miteinander, denn sie wohnte für eine lange Zeit bei Gunnar, ihrem Vater, und seiner neuen Frau.

Und dann war da noch Adam.

Und ich.

Ich hatte immer und überall Probleme. Schon so lange ich zurückdenken kann, war alles kompliziert.

Ich mag den Frühling. Er ist die beste Jahreszeit überhaupt. Vielleicht habe ich im Frühling ein paar Probleme weniger mit dem Leben als im Sommer und im Herbst und im Winter. Der Frühling ist eine sanfte, gute, schöne Jahreszeit. Ich weiß, das klingt uncool und normalerweise würde ich so was auch nicht in der Öffentlichkeit sagen, aber wahr ist es eben und eigentlich stammt es auch nicht von mir – sondern von Adam.

Adam war wahrscheinlich der einzige Mensch, der keine Probleme hatte. Zumindest dachte ich, dass er keine Probleme hatte. Dabei hatte Adam an jeder Hand sechs Finger. Streng genommen war er also ein Krüppel. Mein Kumpel

Noah, der mich manchmal zu Hause besuchen kam, sagte das immer, wenn er über Adam sprach. „Der Typ von deiner Mutter, der mit den Krüppelhänden, hat mir die Tür aufgemacht, als ich gekommen bin ..."

Als Adam ein Baby war, wollten die Ärzte ihn operieren und die beiden kleinen, krüppeligen, überzähligen Finger entfernen lassen. Aber Adams halbe Familie sind Zigeuner, genauer gesagt Sinti. Und Adams Sinti-Großmutter hat erklärt, dass diese Finger Glück für ein ganzes Leben bedeuten und dass man sie darum nicht wegoperieren darf. Und darum hatte Adam sein Leben lang sechs Finger an jeder Hand. Seine Hände waren auch verschieden groß, die linke Hand war ein ganzes Stück größer als die rechte Hand. Leute, die Adam nicht kannten, starrten seine Hände immer verwundert an und manche verzogen die Gesichter. Aber für mich waren Adams Hände natürlich schon lange nichts Besonderes mehr und er konnte gut mit ihnen malen, mit der linken wie mit der rechten Hand. Er konnte beim Schreiben den Stift einfach von der einen Hand zur anderen weiterreichen und schrieb mit beiden Händen ganz und gar gleich. Er konnte auch Gitarre spielen, ebenfalls mit beiden Händen. Früher hat er oft Gitarre gespielt, abends in der Kneipe, und er nahm mich oft mit und spielte alte Zigeunerlieder. Aber nur, wenn er schon ein bisschen betrunken war. Manchmal drehte er die Gitarre mitten im Spiel um und spielte verkehrt herum weiter. Und obwohl dann die Saiten ja falschrum gespannt waren, konnte er ohne Mühe weiterspielen.

Adam war der beste Mensch, dem ich je begegnet bin. Als er zum ersten Mal bei uns auftauchte, war ich fünf. Wir trafen uns auf der Straße vor dem Haus, in dem ich mit meiner Mutter und meiner Schwester wohnte. Ich hockte auf der Türschwelle und weinte leise vor mich hin. Aus dem offenen Wohnzimmerfenster konnte ich meine kleine Schwester hören. Sie weinte auch. Sie war damals erst zwei und saß eingesperrt und vergessen in dem Laufstall, in dem ich früher auch schon gesessen hatte.

„Was hast du? Warum heulst du?“, fragte mich ein fremder Mann und blieb vor mir stehen.

Ich starrte ihn erschrocken an. Ich weiß noch, dass ich sofort seine riesige, verkrüppelte Hand bemerkte und seine andere, die mit den sehr dünnen, schmalen Fingern, die wie eine Kinderhand aussah. Und an beiden Händen waren zu viele Finger, das war mir sofort klar. Es sah falsch und unordentlich aus. Die Finger drängten sich dicht aneinander und schienen nicht genug Platz an den Händen zu finden.

Ich hörte auf zu weinen und starrte den Mann stumm an.

„Da, putz dir mal die Nase“, sagte er schließlich und zog ein Stofftaschentuch aus der Jackentasche. Und dann kam er einfach auf mich zu und wischte mir mit diesem zerknitterten Tuch ungeschickt über das nasse Gesicht. Anschließend setzte er sich neben mich und knotete mir aus dem Taschentuch einen langohrigen Hasen. Er setzte ihn mir vorsichtig aufs Knie und lächelte mich an. Und dann sagte er mir, dass er Adam heiße und erklärte mir den Unterschied zwischen Hasen und Kaninchen. Und nach den Hasen erzählte er mir etwas über Rehe und Hirsche und Wisente.

„Aber meine Lieblingstiere sind Rentiere“, sagte er irgendwann. „Kennst du Rentiere?“

Ich schüttelte den Kopf.

„Die gibt es in Lappland. Da möchte ich gerne mal hinfahren.“ Wir schauten uns an. Meine Schwester oben im Wohnzimmer schrie immer noch. Aber mir ging es plötzlich gut, sehr gut. Ich lächelte Adam vorsichtig an und wünschte mir, wir könnten immer so sitzen bleiben, zusammen in der Sonne. Und Adam würde mir weiter Geschichten erzählen.

„Die da oben weint, das ist meine kleine Schwester", sagte ich schließlich, weil Adam nicht mehr sprach. Stattdessen zündete er sich eine dünne, dunkle Zigarette an, die scharf roch. „Meine Mutter ist bestimmt eingeschlafen. Sie schläft oft plötzlich ein. Dann hört sie uns nicht. Ich sitze schon den ganzen Nachmittag hier und habe sehr oft geklingelt. Aber sie hat nicht aufgemacht."

Ich schaute Adam erschöpft an. In der ganzen Straße waren wir die einzigen Kinder. Überall wohnten nur alte Leute und wir waren in unserem Haus nicht sehr beliebt. Ich wusste damals nicht, warum, ich wusste nur, dass es so war.

Adam nickte. „Und darum hast du geheult", sagte er lächelnd und fuhr mir mit der großen, schweren Hand über den Kopf. Ganz kurz nur, aber es fühlte sich schön an.

Und dann blieb Adam. Wir warteten zusammen, bis meine Mutter wieder aufwachte. Und als sie endlich den Türöffner drückte, gingen wir nebeneinander nach oben. Ich hatte meine Hand in Adams große Hand geschoben.

„Wer sind Sie? Was wollen Sie? Sind Sie etwa von einer Behörde?", fragte meine Mutter misstrauisch und zog mich hastig am Arm über die Türschwelle an ihre Seite. Sie sah verschlafen und zerzaust aus und auf ihrer Wange war der ribbelige Abdruck des Sofakissens.

Aber am Abend saß sie trotzdem zusammen mit Adam im Wohnzimmer und Adam hatte seine Schuhe ins Schuhregal im Flur gestellt und sie tranken Wein und in der Nacht schlief Adam neben meiner Mutter auf dem ausgeklappten Wohnzimmersofa.

Meine dicke, rotbackige Mutter und der dünne, blasse Adam.

Und von da an war Adam fast immer da.

Außer, wenn es Streit gab.

Aber wenn kein Streit war, saß Adam im Wohnzimmer und überall roch es nach seinen dunklen Zigaretten und er sang Lieder, während er rauchte, und er bürstete jede Woche das immer verfilzte Fell unserer Angorakatze Kimberly. Und er machte das Katzenklo sauber. Und er säte Schnittlauch und Petersilie auf dem Balkon. Und Sonnenblumen und Petunien und Kapuzinerkresse.

Wie gesagt, Adam war von da an fast immer da.

Außer, wenn er und meine Mutter sich gestritten hatten. Und außer, wenn er nach Paris fuhr und den Eiffelturm besuchte.

„Denn ich liebe Paris", sagte er oft zu mir. „Und ich liebe den riesigen, stolzen Eiffelturm. Wenn ich da oben stehe, gehört mir die ganze Welt. Da oben ist man dem Himmel, ohne tot zu sein, sehr nah, Juli, verstehst du?"

Ich nickte, auch wenn ich es nicht ganz verstand, und Adam lächelte mir zufrieden zu und boxte mir mit seiner schmächtigen Hand freundschaftlich vor die Brust. „Jedenfalls, wenn ich da oben stehe, dann bin ich ein König, Juli. Ein richtiger König."

Erst viel, viel später erfuhr ich, dass Adam noch nie in Paris gewesen war. Dass er noch nie auf dem Eiffelturm gestanden hatte. Dass er nie König gewesen war.

Denn wenn Adam verschwand, um, wie er sagte, nach Paris zu fahren, dann saß er in Wirklichkeit im Gefängnis.

Ich war elf, klein und schmächtig, hatte schwarze wirre Haare, grüne Augen und Sommersprossen auf der Nase. Ich war der schwächste Junge im Viertel und ich hatte Heuschnupfen und eine Katzenhaarallergie. Trotzdem blieb es nicht bei Kimberly, der Angorakatze. Eines Tages schleppte meine Mutter von irgendwoher einen dicken, trägen, schwerfälligen Perserkater an. Sie nannte ihn Johnny und in sein Fell weinte sie hinein, wenn sie mal wieder in ein Loch aus Traurigkeit fiel. Johnny hielt schnurrend still und hinterließ ansonsten überall, wo er ging und stand, büschelweise graues Perserkaterfell.

Die Katzen machten, dass ich husten und niesen musste, stundenlang, und dass meine Augen tränten und ich schlecht Luft bekam.

„Du darfst keine neuen Viecher mehr anschaffen, Nanni", sagte Adam ärgerlich zu meiner Mutter. „Das ist nix für Juli."

Eigentlich hieß meine Mutter Tanja und nur Adam nannte sie Nanni, einfach so. Gleich am ersten Abend hatte er damit angefangen. Mich nannte er Juli, weil es der erste Juli gewesen war, als er mich weinend vor der Haustür entdeckt hatte, dabei heiße ich eigentlich Patrick. Nur meine kleine Schwester Patrizia bekam keinen neuen Namen von Adam. Sie war einfach ein quengelndes Kleinkind und später geriet sie mit Adam immerzu aneinander und manchmal gab er ihr so harte Ohrfeigen, dass sie von der Wucht des Schlages hinfiel. Einmal schlug er ihr auf diese Weise einen Backenzahn aus und aus ihrem Mund kam ein Schwall Blut. Aber der Zahn hatte sowieso schon tagelang gewackelt und Patrizia ging stumm ins Bad und wischte sich das Gesicht sauber.

Und eines Tages war Patrizia verschwunden.

Adam und ich kamen an diesem Abend gut gelaunt nach Hause. Wir waren zusammen im Wald gewesen, den ganzen Tag.

„Wir sind barfuß gegangen, Mama", rief ich und ging glücklich zu meiner Mutter hinüber, die auf dem Sofa lag und uns aus verquollenen, nervösen Augen gereizt entgegenschaute.

„Wir waren wie die Indianer", fuhr ich fort. „Adam hat

mir Tierspuren gezeigt. Und wir haben ein Feuer gemacht. Und dann hat Adam mir gezeigt, wie man Gitarre spielt. Ich habe drei Griffe gelernt. Damit kann man schon ein richtiges Lied spielen. Willst du es hören?"

Ich schaute zu Adams alter Gitarre hinüber, die er gerade an die Wand neben dem Fernseher lehnte.

„Die Kleine ist weg", sagte meine Mutter, ohne mich zu beachten und ihre Stimme klang weinerlich und empört zugleich. Sie suchte Adams Blick, während Adam sich seufzend in einen der Wohnzimmersessel fallen ließ und nach seinen Zigaretten griff, die auf dem Tisch lagen. Der dicke Kater lag schnurrend auf dem weichen Bauch meiner Mutter und war mit der gleichen Decke zugedeckt wie sie.

Adam hob den Kopf.

„Was soll das heißen, Nanni?", fragte er und runzelte die Stirn.

Meine Mutter streichelte wie verrückt den schnurrenden Kater, lose Katzenhaare wirbelten durch die Luft. „Sie ist heute früh zum Spielen runtergegangen und nicht zurückgekommen", erklärte sie und ihre Stimme klang dumpf und müde und ratlos und gereizt.

Adam ging zum Fenster, öffnete es und schaute prüfend hinaus.

„Es könnte ihr etwas zugestoßen sein, sie ist doch erst neun", murmelte meine Mutter. Und so verging der Abend. Irgendwann rief Adam die Polizei an und dann nahm er das Foto von der Wand, das der Schulfotograf im letzten Jahr von Patrizia aufgenommen hatte und fuhr damit aufs Polizeirevier. Am nächsten Morgen klingelte das Telefon und am anderen Ende der Leitung war Patrizias Vater Gunnar, an den ich mich nur noch undeutlich erinnern konnte.

„Er sagt, Patrizia will bei ihm bleiben", berichtete meine Mutter Adam und schaute ihn hilflos an.

„Tja ...“, sagte Adam. Mehr nicht.

„Nein ...“, rief ich erschrocken.

„Sei still, Patrick“, sagte meine Mutter sofort.

Ich schaute mich in der Wohnung um, in der meine Schwester plötzlich fehlte, aus der sie fortgegangen war. Ich kroch in ihr Bett und nahm ihre Schlafente in die Hand.

Aber es blieb dabei. Patrizia kam nicht mehr zurück. Dafür kam eine Frau vom Jugendamt und schaute sich bei uns um. Sie schaute sich Adams Hände an, die große und die kleine Hand und die überzähligen Finger. Dann schaute sie meine Mutter an, die auf dem Sofa saß, eingewickelt in eine rosa Decke und mit Johnny auf den Knien, der laut schnurrte. Meine Mutter hatte eine verkrustete, gezackte Schramme am Kinn und einen kleinen blauen Fleck über dem linken Auge.

„Sie sind ja verletzt, Frau Caspari“, sagte die fremde Frau.

„Sie hat sich nur gestoßen“, sagte Adam und lächelte.

Meine Mutter nickte.

Ich saß neben Adam auf dem Sofa und plötzlich sah die Frau mich an.

„Na, Patrick“, sagte sie und nickte mir zu. „Fehlt dir denn deine Schwester?“

Ich zuckte nervös mit den Achseln.

„Würdest du mir mal euer Kinderzimmer zeigen?“, bat die Frau und stand schon auf. Adam zündete sich eine seiner Zigaretten an.

„Na los, Juli“, sagte er und lächelte mir zu.

„Okay“, sagte ich leise und dann ging ich mit der fremden Frau hinaus. Wir liefen hintereinander her durch den stillen Flur. Und im nächsten Moment standen wir bereits im Kinderzimmer. Ich schaute auf Patrizias Bett, in dem ihre strubbelige gelbe Schlafente lag und einsam aussah.

Und auf meinem Bett stand die kleine Holzkiste, in der

ich meine Steinesammlung aufbewahrte, die ich zusammen mit Adam angelegt hatte. Sogar ein Pyrit war dabei, den wir vor ein paar Wochen im Steinschlag im Wald gefunden hatten. Er war dreieckig und glänzte wie ein Edelstein. Und daneben lag das kleine, verlassene Vogelnest, das wir vor ein paar Tagen in einem Baum entdeckt und mitgenommen hatten.

„Schön hast du es hier", sagte die fremde Frau und dann fragte sie mich, ob ich mich mit meinem Stiefvater gut verstünde.

Ich nickte schnell. Natürlich verstanden wir uns gut, schließlich liebte ich Adam.

„Weißt du, deine Schwester hat mir nämlich erzählt, dass euer Stiefvater manchmal nicht so freundlich ist", sagte die Frau vorsichtig und setzte sich auf Patrizias Bett. Es quietschte leise. „Sie hat gesagt, er habe sie oft geschlagen. Vor allem in der letzten Zeit. Ist das so gewesen? Und schlägt er dich auch? Du kannst mir ruhig alles erzählen, dafür bin ich da. Und ich passe auch auf dich auf und helfe dir, wenn du Schutz brauchst."

Ich runzelte verwundert die Stirn und schüttelte den Kopf.

„Das tut Adam nicht", sagte ich fest. „Adam ist in Ordnung. Patrizia lügt."

Und so war es doch auch, oder? Adam war in Ordnung, rundherum in Ordnung. Er sang für mich und wir gingen zusammen Äpfel pflücken und er saugte die Wohnung, jeden Tag, wegen meiner Tierhaarallergie.

Als die Frau vom Jugendamt gegangen war, stritten meine Mutter und Adam sich.

„Verdammt nochmal, ich habe wirklich die Nase voll", brüllte Adam. „Steh auf und kümmere dich um Juli. Du bist doch nicht krank. Was bist du nur für eine Mutter, verdammt?"

Es polterte ein paarmal und dann schlug Adam die Wohnungstür hinter sich zu. Ich hörte meine Mutter weinen, aber ich ging nicht zu ihr hinüber. Ich wollte so gerne bei Adam sein und presste meine heiße Stirn gegen die kalte Fensterscheibe. Dort unten ging er mit schnellen, großen Schritten davon. Ich schaute ihm hinterher, bis er am Ende der Straße um eine Ecke verschwand.

Anschließend schaute ich dem Himmel beim Dunkelwerden zu und betrachtete die vereinzelten Sterne, die allmählich über den Dächern der hohen Häuser auf der gegenüberliegenden Straßenseite aufblitzten.

Adam hatte mir die Sternbilder schon oft gezeigt. Den Kleinen Wagen und den Großen Wagen. Und Kassiopeia. Und den Großen Bären. Aber alleine fand ich mich nicht zurecht.

Irgendwann kroch ich müde und erschöpft in mein Bett und fing an zu warten. Auf Adams Rückkehr.

2

Und er kam wieder. Ein paar Tage später war er wieder da und ich atmete auf.

„Meine sieht aus wie ein dicker Bär", sagte ich.

„Meine sieht aus wie eine dürre, garstige Hexe", sagte Adam.

„Der Bär weht davon."

„Dafür hat meine Hexe jetzt zwei Köpfe."

„Das ist doch keine Hexe ...", protestierte ich.

„Klar ist das eine Hexe", sagte Adam.

„Und dahinten kommt ein Elefant!"

„He, das ist kein Elefant, das ist ein wunderschönes, elegantes Rentier", rief Adam und kniff die Augen zusammen. „Sieh doch nur, das prächtige Geweih!"

„Ich finde, es sieht eher aus wie ein Elefant, der seinen Rüssel hochstreckt", sagte ich und schaute weiter in die vorbeiziehenden Wolken.

Adam grinste mir zu. Wir lagen zusammen in einem Sonnenblumenfeld, mittendrin. Um hierher zu kommen, waren wir extra mit dem Überlandbus gefahren. Eine halbe Stunde lang.

Zu Hause auf dem Balkon hatten wir auch eine Menge Sonnenblumen. Wir hatten sie zusammen gezogen, immer ein einzelner Sonnenblumenkern in einem kleinen Tontopf.

„Ihr krümelt alles voller Erde", hatte meine Mutter geschimpft und uns unzufrieden gemustert. „Der ganze Teppich wird dreckig."

„Allerdings", hatte Adam geantwortet. „Und hinterher saugen wir alles wieder weg."

Seine Stimme klang gereizt, und er warf meiner Mutter

einen merkwürdigen Blick zu. Aber die Sonnenblumen auf unserem Balkon waren natürlich nicht so riesig wie die Sonnenblumen in der freien Natur.

„Das hier ist das große Glück, Juli", sagte Adam im Sonnenblumenfeld zu mir und boxte mir leicht gegen die Schulter. „Und zu Hause haben wir uns ein kleines Glück auf dem Balkon angepflanzt, habe ich recht?"

Ich nickte.

Wir lagen noch lange zwischen den riesigen Sonnenblumen, die sich über unseren Köpfen im Wind wiegten und irgendwann standen wir auf und schlenderten nebeneinanderher durch die Felder.

„Das sind Maisfelder, Juli", sagte Adam und zeigte mir die versteckten Maiskolben.

Auf dem Rückweg blieb er neben einem anderen Feld stehen. „Und was wächst hier, Juli?", fragte er und schaute mich gespannt an. Seine große und seine kleine Hand steckten in den Taschen seiner schwarzen Jeans. Ich schaute, weil ich ja erst elf war, immer noch weit zu ihm auf. Adam war fast zwei Meter groß.

Dann warf ich einen prüfenden Blick auf das grüne Getreide, das sich leise raschelnd im Wind bewegte.

„Hafer?", fragte ich vorsichtig.

Adam nickte zufrieden und legte seinen Arm um meine Schulter. Hinter seinem Ohr steckte eine seiner dunklen Zigaretten, aber er würde sie, dass wusste ich, hier nicht rauchen. Nicht hier, mitten in den Natur, so etwas tat Adam nicht.

„Du bist wirklich und wahrhaftig das Beste, was mir in meinem Leben bisher begegnet ist, Juli, du sommersprossiger Winzling", sagte er schließlich. Dann fuhren wir schweigend zurück in unsere graue Stadtrandsiedlung und Adams Worte umhüllten mich friedlich. Unser sonnenblumengelber Balkon leuchtete uns schon von Weitem entgegen. Schön sah das aus, wunderschön.

Kurz darauf wurde ich zwölf. Adam spielte auf seiner Gitarre für mich.

„Immer diese Klimperei", sagte meine Mutter. „Hör schon auf damit, Adam, ich habe Kopfschmerzen."

Es war ein Sonntag und wir frühstückten zu dritt im Wohnzimmer. Adam schenkte mir zwölf kleine Blumentöpfe, die er am Tag zuvor in einer Gärtnerei für mich gekauft hatte. In jedem wuchs eine winzige, frisch gezogene Pflanze.

„Levkojen", sagte er und tippte leicht gegen den ersten kleinen Topf. „Lupinen. Rittersporn. Mohn. Margeriten. Eine Königskerze. Habichtskraut. Ein gelber Enzian ..."

Den Rest habe ich vergessen.

Unten auf der Straße spielten ein paar Jungen aus unserer Siedlung, die seit Kurzem am Ende unserer Straße in einem neu gebauten Haus wohnten. Zwei von ihnen waren in der Hauptschule in meiner Klasse. Ich ging nie zu ihnen hinunter. Ich war schlecht in der Schule, vor allen Dingen in Mathe und Deutsch. Meine Diktate wimmelten immer von Fehlern und im Rechnen verstand ich noch viel weniger. Nur in Sachkunde kam ich mit. Was immer unsere Klassenlehrerin uns über Gewitter, über die Gezeiten, über Pflanzen und Tiere erzählte, alles hatte Adam mir schon vorher beigebracht. Aber davon wusste meine Lehrerin nichts, denn ich meldete mich nie. Ich war müde im Unterricht, weil es abends bei uns immer spät wurde und ich hatte, wie meine Mutter, oft Kopfschmerzen und ich konnte mich nicht lange konzentrieren. Außerdem ließ es mir keine Ruhe, dass die anderen mich nicht leiden konnten. Sie hänselten mich oder sie schlossen mich aus. Beides war gleich schlimm. Und nach und nach verstand ich, dass wir arm waren, dass meine Mutter unser Geld vom Sozialamt bekam und dass Adam keine Arbeit hatte. Warum war das so? Warum hatten andere mehr Geld als wir? Warum flogen sie im Sommer nach Spanien? Warum fuhren sie teure Autos und wohnten in besseren Häusern?

Warum war alles so, wie es war?

„Was ist, wollen wir in den Wald fahren und zum Steinbruch laufen?", fragte Adam nach dem Frühstück und scheuchte Johnny vom Tisch. Sofort nahm meine Mutter den Kater auf den Schoß.

„Ja", sagte ich.

„Ohne mich", sagte meine Mutter.

Ich sah, wie Adam sie anschaute. Da seufzte meine Mutter und stand mühsam vom Tisch auf. Sie war noch im Morgenmantel und sie war sehr dick damals. Während wir darauf warteten, dass sie sich anzog, saß ich im Wohnzimmer auf der Lehne des Sofas und schaute vor mich hin. An der gegenüberliegenden Wand war immer noch ein viereckiger Schatten an der Tapete, wo früher Patrizias Foto gehangen hatte. Seit Adam es abgenommen hatte, um es zum Polizeirevier zu bringen, hatte niemand es je zurückgehängt. Wo es wohl geblieben war? Das Bild war genauso verschwunden wie Patrizia selbst. Sie war auch nie zurückgekommen. Nur ihr Vater war eines Tages aufgetaucht und hatte ein paar von ihren Anziehsachen und die Schlafente abgeholt.

„Hallo Patrick", hatte er gesagt und mir zugelächelt. Da hatte ich mich an ihn erinnert. Er war viel kleiner als Adam und er hatte helle Haare und war stämmig. Er hatte mal auf einer Wiese mit mir Ball gespielt. Und er hatte meine Mutter manchmal geschlagen. Und eines Tages war er weg gewesen.

„Hallo …“, murmelte ich und schaute zu, wie er die Schlafente kopfüber in einen Stoffbeutel stopfte.

„Sie heult sich die Augen nach dem Vieh aus dem Kopf“, sagte Gunnar zu meiner Mutter, die im Sessel saß und zum Fernseher hinüberschaute.

Meine Mutter gab keine Antwort. Da ging Patrizias Vater wieder.

„Tschüss, Patrick“, sagte er, als er schon in der offenen Tür stand. „Du kannst uns ja mal besuchen kommen, irgendwann.“

Und damit verschwand er.

Mit dem Bus fuhren wir zu dritt in den Wald.

„Meine Füße tun weh“, sagte meine Mutter und machte ganz kleine Schritte. Zwischendurch blieb sie immer wieder stehen.

„Weil du so dick und träge bist, Nanni“, sagte Adam und wollte meine Mutter an die Hand nehmen, aber meine Mutter zog die Hand weg.

„Du musst dich mehr bewegen“, sagte Adam.

Der Spaziergang mit meiner Mutter wurde nicht schön. Sie jammerte und klagte und hatte Schmerzen und war erschöpft und Adam wurde immer gereizter.

„Fahren wir heim“, sagte er schließlich kurz angebunden und wir drehten um und gingen zurück. Adam lief mit großen Schritten vorneweg, hinter ihm kam ich und hinter mir ging meine dicke, schwerfällige Mutter.

Bevor der Bus losfuhr, saßen wir schweigend darin zusammen. Und dann kam die Sache mit dem Baum. Und dann die Sache mit dem Baby.

Adam sah den Baum zuerst. Es war ein sehr kleiner, dünner, magerer Baum, der am Rand der befahrenen Straße stand.

„Ein schlechter Platz für einen Baum“, sagte Adam nachdenklich.

Ich nickte.

„So ein Winzling“, fuhr Adam fort. Plötzlich stand er abrupt auf. „Los, wir nehmen ihn mit.“

Ich schaute zu Adam hoch, weil ich nicht verstand, was er meinte.

„Beeile dich, Juli“, rief er und lief mit großen Schritten zum Ausgang des Busses.

„Mama, kommst du?“, fragte ich meine Mutter, die ihren Kopf an die Fensterscheibe gelehnt hatte.

„Nein, ich fahre nach Hause“, murmelte sie matt. „Macht euren Blödsinn mal alleine.“

Ich nickte und rannte hinter Adam her. Im letzten Moment schlüpfte ich durch die sich schließende Bustür.

Adams Augen glänzten. Ich sah, dass seine Laune wieder gut war. Erleichtert lächelte ich ihm zu. Adam hatte sich bereits neben den kleinen Baum gekniet und grub ihn mit seinen unterschiedlichen Händen behutsam aus.

„Sieh mal, die feinen, dünnen Wurzeln, Juli“, sagte Adam und legte mir einen haarigen Strang heller Wurzeln in die Hand. „Siehst du, wie weit verzweigt sie schon sind? Ob wohl der Baum noch so ein Winzling ist?“

Ich nickte und dann schaute ich zu, wie Adam den Baum aus der Erde hob und das kleine Loch im Boden wieder sorgfältig zutrat.

„So“, murmelte er zufrieden und dann überquerten wir zusammen die breite, viel befahrene Hauptstraße und gingen noch einmal in den Wald zurück, den wir eben erst hinter uns gelassen hatten. Ohne meine Mutter war es viel schöner.

Wir liefen querfeldein, mitten durch das Unterholz, bis wir eine sonnige Lichtung fanden.

„Hier ist es perfekt", sagte Adam. „Nicht wahr, Juli, hier ist es perfekt für unseren Baum?"

Ich nickte wieder und dann gruben wir ein großes Loch und setzten den kleinen, dürren Baum zusammen in die Erde.

„Hier kann er wachsen und ein glücklicher Baum werden", sagte Adam zum Schluss.

Als wir nach Hause kamen, döste meine Mutter vor dem Fernseher. Sie hatte schon wieder ihren Morgenmantel an und ihr Mund stand ein bisschen offen. Ihr weiches Kinn wackelte, wenn sie atmete, und ihre blonden feinen Haare lagen zerzaust um ihren Kopf herum.

Adam und ich hatten beide braune erdige Hände und ich ging schnell ins Bad, um sie mir zu waschen. Adam blieb vor meiner schnarchenden Mutter stehen. Ob er wieder wütend auf sie würde? Weil sie schlief? Ich spähte vorsichtig durch die Tür.

Und dann kam die Sache mit dem Baby, denn Adam war nicht böse auf meine Mutter. Er hatte immer noch gute Laune, weil die Rettung des Baums ihm Spaß gemacht hatte.

„Nanni, wach mal auf", sagte er leise und behutsam. Ich sah, wie er mit seiner erdigen Hand ihre blonden Haare streichelte. „Deine Haare sehen aus wie ein Heiligenschein, Nanni", fuhr er sanft fort.

„Lass mich, Adam", sagte meine Mutter. „Lass mich in Ruhe mit deinem verrückten Gequatsche."

Ich hörte Adam freundlich lachen und ging zurück ins Wohnzimmer. Ich setzte mich an den Esstisch und kratzte mit dem Nagel meines Zeigefingers Muster in die Wachstuchdecke auf dem Tisch.

„Nanni, lass uns ein Baby haben", sagte Adam in diesem Moment.

Meine Mutter seufzte.

„Nanni, bitte ...", drängte Adam. „Ich will ein Kind haben, einen Sohn."

„Adam, ich werde nicht mehr schwanger, das weißt du doch."

„Aber ihn hast du doch auch hinbekommen", brummte Adam und wies mit seinem dunklen Kopf in meine Richtung.

„Ja, und darum liegt es wahrscheinlich an dir, dass ich nicht schwanger werde", sagte meine Mutter und ihre Stimme klang ungeduldig.

„An mir soll es liegen?", schrie Adam so unvermittelt, dass ich zusammenzuckte. Schnell schaute ich zu unseren Sonnenblumen, die sich auf dem sonnigen Balkon sanft im Wind hin- und herwiegten.

„Du hast dreckige Hände, Adam", jammerte meine Mutter. „Fass mich damit nicht an!"

Aus den Augenwinkeln sah ich, wie Adam seine unterschiedlichen Hände an seiner Hose abwischte. Dann zog er meine Mutter vom Sofa hoch.

„Nein, Adam, lass das!", schimpfte meine Mutter, aber Adam schob sie einfach ins Schlafzimmer. Die Tür blieb hinter ihnen offen stehen, denn Adam hatte alle Hände voll zu tun, meine Mutter zum Bett zu schieben und dort festzuhalten. Ich sah, wie er sie aus ihrem Bademantel zerrte und im Bett niederdrückte.

„Ich will doch nur auch so einen Sohn wie Juli", knurrte er wütend. „Einen eigenen Sohn, kannst du das nicht verstehen ..."

Ich hörte meine Mutter weinen und da stand ich leise auf und ging in mein Zimmer.

Eine Zeit lang sortierte ich meine Steine, dann gab es Abendbrot. Meine Mutter deckte selbst den Tisch. Sie trug wieder ihren Bademantel und ihre Augen sahen so aus, als hätte sie geweint und am Hals hatte sie ein paar rote Flecken. Auch ihre Arme waren fleckig.

„Ich habe mich gestoßen“, sagte sie zu mir. Dabei hatte ich gar nicht danach gefragt.

Adam war in die Stadt gegangen.

In der Nacht träumte ich von dem kleinen Baum, dem Adam und ich auf der sonnigen Lichtung ein neues Zuhause gegeben hatten. Er war groß und glücklich geworden.

Eine Woche später war Adam wieder da.

„Warst du in der Schule?“, fragte er mich.

Ich schüttelte den Kopf.

„Warum nicht?“, fragte Adam.

„Weiß nicht ...“, murmelte ich.

Meine Mutter schaute Fernsehen. Auf ihrem Bauch lag Johnny und auf dem Tisch neben ihr lag eine Schachtel Pralinen. Kimberly, die Angorakatze, hockte schnurrend auf der Tischdecke und leckte an einer Praline.

Adam seufzte auf und ließ sich in einen der Sessel fallen.

„Warum war Juli nicht in der Schule?“, fragte er und seine Stimme klang lauernd.

Meine Mutter gab keine Antwort. Plötzlich packte Adam sie am Handgelenk.

„Sag doch mal was, Nanni!“, brüllte er. „Oder steh auf. Oder lach mal. Du bist doch noch nicht tot, verdammt nochmal ...“

Das Handgelenk meiner Mutter hing schlaff in Adams riesiger, sechsfingriger Hand. Fluchend ließ er es los und es fiel wie ein Stock nach unten. In diesem Moment schaute Adam auf unsere Sonnenblumen. Und ich ebenfalls.

„Verflixt, alles vertrocknet!“, schrie Adam und sprang auf. „Juli, warum hast du die Blumen nicht gegossen?“

„Hab ich doch", sagte ich leise. „Nur ein paarmal habe ich es vergessen."

Adam warf mir einen bösen Blick zu. „Was hast du eigentlich getan in der letzten Woche? In der Schule warst du nicht, die Blumen hast du nicht versorgt ..."

Wütend riss er die Balkontür auf und befühlte die Erde im erstbesten Blumentopf.

„Da, knochentrocken!", fauchte er und winkte mich zu sich. „Los, füll mal die Gießkanne mit Wasser. Wir müssen schauen, was noch zu retten ist, zum Donnerwetter nochmal."

Ich nickte und ging schnell in die Küche.

„Adam, mach die Balkontür zu, es zieht", sagte meine Mutter. Aber das hätte sie besser nicht sagen sollen oder wenigstens nicht in diesem klagenden Ton. Oder sie hätte sich wenigstens einmal aufsetzen sollen. Oder was weiß ich. Denn Adam stapfte plötzlich zum Sofa hinüber und schlug meiner Mutter mit dem Handrücken seiner großen Hand so fest ins Gesicht, dass sie leise aufschrie.

„Du faule Schlampe ...", brüllte er.

Und während sie weinte, ohne sich zu rühren, gossen Adam und ich die Blumen. Die Unterlippe meiner Mutter war aufgeplatzt und blutete. Aber sie tat mir nicht leid. Ich war nur froh, dass Adam zurück war und das Leben wieder vorwärts ging.

„Mensch, Juli, du hast mir wirklich gefehlt, du alter Räuber", sagte er zu mir, als wir die Blumen versorgt hatten, und strubbelte mir durch die Haare.

Und dann gingen wir zusammen zu Josefa und Tomas.

3

„Will jemand noch Spaghetti?"

Josefa stand auf und griff nach der Schüssel. Aber alle waren satt. Ich saß zwischen Adam und Adams Halbbruder Nikos. Aber es saßen noch viel mehr Menschen am Tisch. Nikos' Frau Bärbel und ihr Sohn. Und Tomas, der mit Josefa verheiratet war. Die beiden hatten eine zehnjährige Tochter und Zwillingsbabys, die auf dem Boden herumkrabbelten. Adams Mutter war ebenfalls da, sie saß in einem Schaukelstuhl neben der Tür und starrte mit ihrem einen Auge streng zu uns herüber. Sie hatte vor einem Jahr einen schweren Schlaganfall gehabt, der ihr Gesicht zu einer Maske verzerrt hatte. Ihr linkes Auge öffnete sich seit diesem Tag nicht mehr. Sie konnte auch nicht mehr sprechen und kaum noch essen, aber sie schien trotzdem ganz zufrieden mit ihrem Leben zu sein. Zu der Musik aus der Musikanlage summte sie jedenfalls mit.

„Na, alles klar?", fragte mich Adam und ließ mich von seinem Wein mittrinken.

Ich nickte, denn ich war schrecklich gerne bei Josefa und Tomas in ihrem unordentlichen Haus am Stadtrand. Drei Hunde hatten die beiden. Und immer war das Haus voller Menschen.

„Eigentlich gehörst du ja gar nicht richtig dazu", sagte Nikos' Sohn Pablo, der genauso alt war wie ich. Er schaute mich distanziert an. „Ich meine, du bist nicht verwandt mit uns."

„Klar gehört er dazu", sagte seine Mutter sofort und lächelte mir zu. Mir wurde warm im Bauch und ich wünschte mir einen Moment lang, Pablos Mutter wäre meine Mutter. Sie war jung und schlank und hübsch und sie hatte weiche, glatte blonde Haare. Eigentlich waren ihre Haare fast so wie die meiner Mutter, aber bei Bärbel sahen sie schön und bei meiner Mutter sahen sie hässlich und ungepflegt aus.

„Warum ist Tanja schon wieder nicht mitgekommen?", fragte Nikos gerade. Er fragte nicht mich, sondern Adam, und ich sah, wie Adam die Augen verdrehte.

„Ihr kennt sie doch", sagte er achselzuckend. „Sie ist am liebsten zu Hause. Sie ist schüchtern und wird so schnell müde und traurig."

Ich schaute Adam an. Es klang nett, wie er das sagte. Es klang wirklich so, als ob er meine Mutter liebte.

Ich liebte sie nicht, so viel stand fest. Wieder schaute ich zu Bärbel hinüber. Sie war aufgestanden und zu Adams Mutter gegangen. Ich konnte sehen, wie sie ihr aus einem merkwürdigen Becher, der eine Art Schnabel hatte, etwas zu trinken einflößte. Hinterher tupfte sie ihr sanft und fürsorglich den Mund ab. Bärbel war lieb und lustig und sie hatte mich gerne. Und wenn sie sah, dass ich sie ansah, dann lächelte sie mir zu. Meine Mutter war nicht lieb und nicht lustig und sie schien mich nicht sonderlich gerne zu haben. Und wenn sie sah, dass ich sie ansah, dann lächelte sie nie.

Was war nur los mit meiner Mutter? Ich wünschte inbrünstig, Adam wäre mein wirklicher Vater und Bärbel meine Mutter. Wütend schaute ich zu Pablo hinüber. Warum hatte er es so gut und ich hatte es so schlecht?

Nikos war jetzt aufgestanden und er griff nach Bärbels Handgelenk und zog sie zu sich. Auch Josefa und Tomas fingen an zu tanzen. Und bis es Mitternacht war, kamen immer mehr Leute zu Josefa und Tomas. Die Hunde im Hof kündigten jeden Besucher mit lautem, dreistimmigem Gebell an. Irgendwann war Adam betrunken und spielte Gitarre und Josefa sang lustige Zigeunerlieder dazu. Der Boden bebte unter den vielen Tänzern und in meinem Kopf begann sich alles zu drehen. Ich war müde, aber ich war auch aufgekratzt und mir war ein bisschen schwummrig. Adam hatte mir eine Menge Wein eingeschenkt. Seine alte Mutter war, trotz des Lärms, in ihrem Schaukelstuhl eingeschlafen.

Auch Pablo hatte Wein getrunken. Bärbel nahm ihn an den Händen und tanzte mit ihm. Sie lächelte ihm zu, wie sie vorher mir zugelächelt hatte.

Plötzlich hörte ich jemanden weinen, laut weinen. Ich schaute mich um. Wer war das? Auf einmal war es ganz still um mich herum. Adam legte die Gitarre zur Seite und Josefa sang nicht mehr. Da zuckte ich entsetzt zusammen, weil ich verstand, wer da so laut schluchzte. *Ich* war es. Ich spürte noch, wie ich stocksteif wurde vor Entsetzen und dann wurde es dunkel um mich herum.

Am nächsten Tag ging ich nicht in die Schule. Ich blieb im Bett und fühlte mich zittrig und krank. Mein Kopf tat mir weh und ich hatte mich in der Nacht oft übergeben. Meine Mutter bekam es nicht mit, weil sie zusammen mit Kimberly und Johnny auf dem Sofa lag und fest schlief. Neben ihr auf dem Tisch stand eine leere Sherryflasche. Auch Adam konnte sich in dieser Nacht nicht um mich kümmern, er war betrunken und lag im Schlafzimmer quer auf dem Bett, in Jeans und Hemd und mit Turnschuhen an den Füßen. Tomas hatte uns nach Hause gebracht, irgendwann, als ich wieder zu mir gekommen war.

Am Nachmittag klingelte das Telefon. Meine Mutter hob den Hörer ab, weil Adam noch nicht aufgestanden war.

„Wer ist da?“, hörte ich sie fragen. Ihre Stimme klang verschlafen und verwirrt. „Frau Nolte? Nie gehört ...“

Ich kniff die Augen zusammen. Frau Nolte war meine Klassenlehrerin und ich hasste sie so, wie ich Adam liebte.

„Ach so, Klassenlehrerin, jaja ...“, sagte meine Mutter gerade. „Was soll los sein?“, fragte sie einen Augenblick später und ihre Stimme klang gereizt. „Er ist krank, das ist alles. Was soll das heißen, Patrick fehlt zu oft?“

Ich lag ganz still da und lauschte. Aber alles, was meine Mutter noch sagte, war jaja, ein paarmal, dann legte sie den Hörer auf.

„So, du schwänzt also die Schule?“, sagte sie am Abend zu mir, als ich ins Wohnzimmer kam. Dort roch es muffig nach Schweiß und abgestandener Luft und Zigarettenqualm und Alkohol.

Ich gab keine Antwort und meine Mutter streichelte Johnny.

„Du wirst noch so enden wie dein schrecklicher Vater“, war alles, was sie schließlich murmelte. „Der ist ja auch in die Gosse geraten.“

Nach diesem Satz kreuzten sich unsere Blicke und wir schauten uns ein bisschen an, aber nicht richtig. Ihr Blick sah leer und müde aus, so leer und müde, wie ich mich fühlte.

„Wo ist Adam?“, fragte ich ein paar Tage später, weil Adam verschwunden war. Dabei hatte ich keinen Streit mitbekommen. „Ist er mal wieder nach Frankreich gefahren?“

Meine Mutter trank Bier in kleinen Schlucken. „Frankreich?“ Sie verzog das Gesicht. „Immer diese Märchen, die der Idiot dir aufbindet“, murmelte sie. „Merk dir eins, Patrick: Adam war noch nie in seinem ganzen Leben irgendwo außerhalb dieser Stadt. Im Knast hockt er, wenn er dir vorgaukelt, er wäre in Paris!“

„Adam ist im Gefängnis?“, stammelte ich entsetzt.

„Und nicht zum ersten Mal“, sagte meine Mutter und seufzte.

So war das also. Adam hatte mich belogen, die ganze Zeit hatte er mich belogen. Einmal hatte er mir sogar einen kleinen Eiffelturm aus Plastik geschenkt. Hinten dran war ein Stecker und wenn man den in die Steckdose steckte, dann blinkte der Eiffelturm in bunten Farben.

„Paris ist die schönste Stadt der Welt, Juli“, hatte er gesagt. „Und irgendwann nehme ich dich mal mit dorthin, versprochen ...“

„Warum ist Adam im Gefängnis?“, fragte ich meine Mutter.

„Weil er kriminell ist“, antwortete meine Mutter.

„Was hat er getan?“

„Das kann dir egal sein“, sagte meine Mutter.

„Du rauchst zu viel, Mama“, sagte ich einmal. Es war früh am Morgen und aus irgendeinem Grund hatte ich nicht verschlafen, sondern war schon vor einiger Zeit aufgewacht. Über dem östlichen Himmel breitete sich ein goldener Lichtschein aus. Ich hatte eine Weile an meinem Fenster gestanden und hinaus in dieses schöne Licht geschaut. Die Luft da draußen war kühl und klar und sauber, morgensauber. Noch fuhren dort unten nur wenige Autos. Nachmittags würde die Luft vor meinem Fenster wieder stinken, aber noch war sie rein und klar.

In unserer Wohnung dagegen stank es immer: morgens, mittags, abends, nachts.

„Du rauchst zu viel, Mama“, sagte ich darum, als ich das verqualmte Wohnzimmer betrat. Meine Mutter und die Katzen hatten mal wieder die Nacht dort zugebracht. Der Fernseher war die ganze Zeit gelaufen und er lief jetzt immer noch.

„Ist gut, Patrick", sagte meine Mutter träge und richtete sich ein wenig auf. Die Blumen auf dem Balkon waren jetzt alle verwelkt. Trocken, braun und verknittert standen sie da und machten, dass ich mich trostlos fühlte.

Adam war jetzt schon über ein halbes Jahr fort.

„Warum besuchen wir ihn nicht?", hatte ich meine Mutter einmal gefragt.

„Er mag's nicht, wenn man ihn im Gefängnis besucht", sagte meine Mutter.

Eines Tages starb Johnny und meine Mutter saß mit dem toten Kater auf dem Schoß da und weinte. An diesem Abend trank sie so viel, dass sie sich im Bad übergeben musste. Während sie im Badezimmer herumtorkelte, stopfte ich die gestorbene Katze in eine Plastiktüte und trug sie hinunter zu den Mülltonnen.

Im Hof begegneten mir ein paar Jungen aus der Nachbarschaft. Sie saßen in einer Ecke und rauchten. Wie immer beachteten sie mich nicht.

Ich fühlte mich ganz krank vor Frust.

Vielleicht war es ja eine ansteckende Krankheit, die Johnny das Leben gekostet hatte, jedenfalls starb bald auch Kimberly.

„Mama, hör doch auf zu weinen", sagte ich, weil meine Mutter mich fast verrückt machte mit ihrem lauten Schluchzen. Für einen Moment dachte ich daran, dass sie damals, als Patrizia fortgegangen war, kein einziges Mal geweint hatte.

Kurz nach meinem dreizehnten Geburtstag kam Adam wieder. Es war Frühling und eines Tages hörte ich einen Schlüssel im Türschloss.

„Adam", sagte meine Mutter und stand auf und umarmte meinen Stiefvater. Danach kam er zu mir und klopfte mir auf die Schulter.

„Na, Juli?", sagte er. „Alles klar bei dir?"

Nein, dachte ich. Nichts ist klar. Warum warst du im Gefängnis? Warum hast du mich jahrelang belogen? Was hast du verbrochen, dass sie dich so lange eingesperrt haben? Bist du wirklich kriminell? Ich habe dich so vermisst. Ich habe mich ganz krank ohne dich gefühlt. Mama interessiert sich nicht für mich. Sie säuft bloß und liegt herum und macht, dass ich mich wie der letzte Dreck fühle ... Nichts davon sagte ich.

„Ja, alles klar bei mir", sagte ich stattdessen.

Adam sah aus wie immer. Und er steckte sich, wie immer, eine seiner stinkenden Zigaretten an und ging pfeifend durch die schmuddelige Wohnung. Vor der Balkontür blieb er stehen und schaute nachdenklich hinaus zu den umgekippten Blumentöpfen und den vergessenen, verdorrten Pflanzen.

Ich bekam Herzklopfen. Würde er böse werden? Aber Adam wurde nicht böse.

„Da müssen wir viel machen", sagte er nur und dann machte er viel und zwei Wochen später war der Balkon wieder lebendig.

Wir gingen auch wieder zu Josefa und Tomas.

Bärbel war hochschwanger und Pablo schaute mich so ablehnend an wie immer.

„Juli, mein Süßer!", rief Bärbel und umarmte mich.

Ich wich vor ihrem Bauch zurück und dachte daran, dass ich, solange Adam fort gewesen war, keinen aus seiner Familie zu Gesicht bekommen hatte. Pablo hatte im Grunde schon recht, wenn er sagte, ich gehöre nicht wirklich dazu.

Adams Mutter war gestorben und ihr Schaukelstuhl war leer.

„Wusstest du das?", fragte ich Adam leise.

„Ja", sagte Adam. „Josefa hat es mir geschrieben. Aber ich

war ja in Paris und konnte darum nicht zur Beerdigung kommen. Sonst hätte ich dich natürlich mitgenommen."

„Ich weiß, dass du nicht in Paris warst", sagte ich gereizt. „Du warst im Gefängnis, Adam ..."

Aber darauf gab mir mein Stiefvater keine Antwort. Er klopfte mir nur warnend mit seiner schmächtigen Faust auf den Kopf. Es tat nicht weh, Adam tat mir nie weh, aber ich begriff, dass ich besser nichts weiter darüber sagte, wo Adam wirklich gewesen war.

Adam liebte den Frühling.

„Der Frühling ist eine sanfte Jahreszeit", sagte er, schaute zufrieden zum hellen Himmel empor und lud mich ein, mit ihm Motorrad zu fahren. Seit ein paar Tagen hatte er eine eigene Maschine und wir jagten wie die Verrückten über die Autobahnen und einmal fuhren wir bis in den Schwarzwald. Zwei Nächte übernachteten wir im Wald, einfach so, mit zwei Schlafsäcken, es waren Osterferien.

„Wie läuft es eigentlich in der Schule, Juli?", fragte Adam nach der ersten Nacht, als wir im Licht der aufgehenden Sonne nebeneinander lagen.

„Mies", sagte ich leise. Ich dachte an Frau Nolte, die mir vor einigen Wochen gesagt hatte, ich würde sitzen bleiben, wenn ich mir keine Mühe gab. Ich war in der siebten Klasse im Hauptschulzweig. Außerdem hatte sie gesagt, ich solle mich öfter waschen und häufiger meine Anziehsachen wechseln. Da war mir schwindlig vor Entsetzen und Verlegenheit geworden. Aber ich ließ es mir natürlich nicht anmerken, ich war schließlich kein Waschlappen, keine Memme.

„Pah ...", fauchte ich nur und meine Stimme klang so verächtlich, wie sie klingen sollte.

„Es tut mir leid, Patrick, dass ich so etwas sagen muss",

hatte Frau Nolte hinzugefügt. Wir standen zu zweit in unserem Klassenraum, meine Klassenlehrerin hatte mich dort abgefangen. „Aber du riechst stark nach Zigarettenqualm und auch nach ... ungewaschener Wäsche."

Ich hatte keinen weiteren Ton von mir gegeben. Was hätte ich auch sagen sollen? Dass meine Mutter so gut wie nie meine Sachen wusch? Dass ich darum selbst ab und zu meine schmutzigen Sachen in die Maschine steckte und wahllos ein paar Knöpfe drückte und eine Ladung Waschmittel ins Waschmittelfach kippte? Ich wusch nichts heißer als vierzig Grad, weil ich nicht wollte, dass meine Sachen einliefen. Einmal war mir das passiert, bei der ersten Wäsche, an der ich mich versucht hatte und ich hatte nicht genug Klamotten, um noch mehr davon zu ruinieren.

„Ist bei dir zu Hause denn so weit alles in Ordnung?", fuhr Frau Nolte erbarmungslos fort.

„Ja ...", murmelte ich wütend.

„Was ist mit deinem ... Stiefvater? Wohnt er nicht mehr bei euch?"

Woher wusste sie das? Woher konnte sie wissen, dass Adam im Gefängnis war?

„Er ist in Frankreich", sagte ich und meine Stimme klang böse und trotzig.

„Tatsächlich?", sagte Frau Nolte verwundert.

Ich nickte. „Ja, er hat da einen Job angenommen, bei dem er eine Menge Zaster machen kann."

Ich schaute Frau Nolte zufrieden an. „Er macht was mit Computern, verstehen Sie? Er hat Programme entwickelt für einen Stahlkonzern in Paris ..."

Ich wusste nicht, warum ich diesen Blödsinn erzählte. Es war einfach ein gutes Gefühl, so über Adam zu reden, aber meine Klassenlehrerin unterbrach mich.

„Und was ist mit deiner Mutter?", fragte sie leise.

Während dieser blöde Satz in meinen Ohren nachhallte, spürte ich, wie mein Kopf nach vorne sank und ich hinunter zu meinen Turnschuhen schaute.

„Patrick, nun sag mal ...“, hakte Frau Nolte nach und streichelte doch tatsächlich meine Schulter. Ich zuckte zurück.

„Meiner Mutter geht es natürlich gut“, sagte ich leise zu meinen Schuhen hinunter und dann stürzte ich davon.

Ich fühlte mich eigenartig. Etwas in mir drin war todtraurig, aber etwas anderes war fuchsteufelswild vor Wut.

„Scheißleben“, fluchte ich und trat an der Haltestelle so lange gegen einen Mülleimer, bis er über den Boden polterte. Der Müll lag jetzt dreckig und eklig auf dem Asphalt.

„So eine Schweinerei!“, schimpfte ein alter Mann.

„Leck mich doch am Arsch, du blöder Rentner“, murmelte ich und ging mit schweren Schritten davon.

Zwei Wochen später war ein Mann vom Jugendamt gekommen. Er hatte sich telefonisch angemeldet und ich hatte dafür gesorgt, dass meine Mutter angezogen war, als er kam.

Er schaute sich bei uns um und schrieb etwas in eine dünne Akte, die er dabeihatte. Dann ging er wieder.

Und dann war ja Adam wiedergekommen.

Was weiter passierte? Einmal kam eine Nachbarin kurz herüber und brachte eine Katze mit, die ihr jemand aufgeschwatzt hatte und die sie jetzt wieder loswerden wollte.

Meine Mutter nannte sie Billy und holte Kimberlys und Johnnys alte Katzenschüsseln wieder aus dem Fach unter der Spüle in der Küche.

Meine Mutter war glücklich, während meine Augen wieder zu jucken und zu brennen begannen.

Wütend starrte ich auf die neue Katze, die unter den streichelnden Händen meiner Mutter majestätisch schnurrte.

4

Adam schenkte mir ein eigenes Handy. Auch meine Mutter bekam ein Handy.

Eines Tages brachte Adam einen Computer für uns mit und baute ihn im Wohnzimmer auf. Ein paar Wochen später tauschte er unseren alten Fernseher gegen einen neuen aus.

„Adam, woher hast du so viel Geld?“, fragte meine Mutter misstrauisch.

„Ich hab da meine Quellen“, antwortete Adam kurz angebunden und brachte am nächsten Tag ein Aquarium mit nach Hause. Bald hatten wir eine Menge Fische.

„Sieh mal, Juli, das sind Skalare und das sind Killifische und die dunklen, gepunkteten, die da am Boden herumflitzen, das sind Welse, die habe ich besonders gerne.“

Adam zeigte mir einen halb verborgenen Schieferstein, ganz am Rand des Beckens und hob ihn, nachdem er seinen Hemdsärmel sorgfältig hochgerollt hatte, vorsichtig ein kleines Stück an.

„Siehst du die vielen Eier?“, fragte er andächtig.

Ich nickte.

„Das sind bestimmt fünfzig“, erklärte mein Stiefvater und schaute mich an. „So viel Nachwuchs auf einmal, verrückt, nicht?“

Ich nickte wieder und Adam grinste dem dicken Wels, der gerade an der Aquariumscheibe vorbeiflitzte, anerkennend zu.

„Gute Leistung, Junge ...“, murmelte er. Und dann kam, was kommen musste.

„Dass du es nicht mal mehr schaffst, schwanger zu werden, verdammt!“, fuhr er meine Mutter an, die am Wohnzimmertisch saß und in einer Zeitung blätterte.

„Adam, hör auf damit“, sagte sie vorsichtig, aber auch ein bisschen gereizt.

„Von Karl hast du was Kleines bekommen, nämlich den da!“, schrie Adam und wies mit dem Zeigefinger seiner bebenden, schmächtigen Hand auf mich. „Und von Gunnar hast du die kleine Kröte ausgebrütet, die sich davongemacht hat!“, schrie mein Stiefvater weiter.

Von unten klopfte unsere neue Nachbarin an die Decke. Adams Geschrei schien ihr auf die Nerven zu gehen.

„Sei leise“, sagte auch meine Mutter.

„Ich bin so laut, wie ich will“, sagte Adam, aber diesmal dämpfte er seine Stimme. Ärgerlich ließ er sich auf einen Stuhl fallen und starrte meine Mutter an.

„Das machst du doch mit Absicht, Tanja“, sagte er schließlich, nachdem er ein paar Augenblicke düster auf die Tischplatte gestarrt hatte. „Du willst kein Kind mit mir haben, hab ich recht? Ich bin dir nicht gut genug, was? Ich bin ja bloß ein dummer Zigeuner mit verkrüppelten Händen. Sag es doch, wenn du so denkst! Los, sag es!“

Aber meine Mutter kam gar nicht mehr dazu, etwas zu sagen, denn Adam stieß sie vom Stuhl, schlug ihr ins Gesicht und stürmte dann davon.

Gleich darauf klingelte es an unserer Tür. Es war die neue Nachbarin von unten.

„Ist etwas passiert?“, fragte sie mich misstrauisch.

Ich spürte, dass ich am ganzen Körper zitterte.

„Mama, ist ... ist etwas passiert?“, fragte ich und meine Stimme klang ruppig und gleichgültig. Ganz von alleine war das passiert und es war ein merkwürdiges Gefühl, dass ich auf der einen Seite so zittrig und nervös und auf der anderen Seite gleichzeitig locker und gleichgültig sein konnte.

Ich sah, dass meine Mutter dabei war, vom Boden aufzustehen. Sie hatte Nasenbluten und auch ihr Mund blutete.

„Nein, es ist nichts", sagte sie leise.
„Nein, es ist nichts", sagte ich zu der fremden Frau.
„Aber es hat so gepoltert", sagte die Frau und schielte an mir vorbei in die Wohnung.
Da schloss ich schnell die Tür.

Und wieder war Adam verschwunden. Aber diesmal stellte ich keine Fragen. Und darum erfuhr ich nicht, ob er wegen des Streits wegblieb oder ob er wieder einmal im Gefängnis saß. Ich versuchte, mich um die Fische zu kümmern, aber die meisten von ihnen starben trotzdem. Und niemals bekamen die gepunkteten Welse Nachwuchs. Obwohl ich den grauen Schieferstein am Rand des Beckens noch wochenlang im Auge behielt.

Die Wochen und Monate bis zu meinem vierzehnten Geburtstag vergingen zäh und mühsam. Und dann passierten eine Menge Dinge auf einmal. Es war so viel, dass ich fast verrückt davon wurde.
Zuerst traf ich meine kleine Schwester.
Dann hörte ich, was die Jungen in meiner Klasse über meine Mutter sagten.
Dann hörte ich, was sie über mich sagten.
Dann klaute ich diese teure Lederjacke.
Dann spielte mein Körper verrückt.
Und dann traf ich Mia.

Seit Tagen hatte ich Kopfschmerzen. Seit Tagen hielt ich es nicht zu Hause aus. Die Wohnung war schmutzig und unaufgeräumt und ich hatte das Gefühl, die Wände um mich herum rückten unaufhörlich näher, sobald ich mich länger als ein paar Minuten dort aufhielt.
Meine Mutter war mal wieder hoffnungslos betrunken.

„Ich will nicht mehr leben, ich will nicht mehr leben, ich will nicht mehr leben ...“, schluchzte sie ständig. Es war ein paar Wochen vor meinem vierzehnten Geburtstag.

Warum kam Adam nicht zurück?

„Mama, ist Adam wieder im Gefängnis?“, traute ich mich schließlich doch zu fragen, nachdem ich diese Frage monatelang vor mir hergeschoben hatte.

„Natürlich ist der Arsch im Knast“, lallte meine Mutter. Und dann machte sie weiter mit ihrem *Ich-will-nicht-mehr-leben*-Geschluchze.

Ich schaute ihr stumm dabei zu. Irgendwann stand ich auf, ging in die Küche und schaute in den Kühlschrank. Ich fand eine Packung H-Milch, eine schrumpelige Salami, ein angebrochenes Glas Gewürzgurken und eine Packung verschimmeltes Toastbrot. Angewidert schloss ich die Kühlschranktür und ließ meinen Blick durch die Küche gleiten. Überall stand schmutziges Geschirr, in der offen stehenden Mikrowelle tummelten sich Fliegen über einem vergessenen Stück Pizza von vor ein paar Tagen. In der Spüle stand ein Topf mit hart gewordenen Spaghetti.

„Mensch, Adam ...“, flüsterte ich verzweifelt und dann ging ich aus der Wohnung und flüchtete in die Stadt. Ich wollte normale, saubere, wache, nicht betrunkene Menschen sehen.

Wie blind lief ich herum, blind und alleine. Aber ganz blind anscheinend doch nicht, denn plötzlich sah ich Patrizia. Ganz alleine stand sie vor einem Schaufenster und schaute hinein.

Mein Herz fing an, wie verrückt zu klopfen. Drei Jahre war es fast her, seit ich sie zum letzten Mal gesehen hatte und ich hatte befürchtet, ich hätte ihr Gesicht vergessen. Dabei sah sie aus wie immer. Sie war nur ein bisschen größer und ein bisschen dünner und hatte längere Haare, das war alles. Benommen stolperte ich ihr entgegen und blieb dann wie ein Trottel neben ihr stehen.

„Juli ...", sagte Patrizia, nachdem sie sich zu mir umgedreht hatte. Aus ihren schiefergrauen großen Augen schaute sie mich überrascht an. Ich sah, dass sie, obwohl sie so dünn war, unserer Mutter ähnlich sah. Alles, was vielleicht früher mal hübsch an unserer Mutter gewesen war, fand sich in Patrizia wieder. Sie hatte zum Beispiel dieselben großen, ernsten und weit auseinanderstehenden Augen mit langen, geschwungenen Wimpern daran.

Sie war die einzige Spielkameradin, die ich je gehabt hatte. Zum ersten Mal fiel mir das auf und ich erinnerte mich daran, wie wir uns abends im Bett unterhalten und Quatsch gemacht hatten.

Stumm schauten wir uns an.

„Blöd, dass du damals abgehauen bist", sagte ich schließlich und meine Stimme klang wieder ziemlich grob und mürrisch, wie so oft in der letzten Zeit.

„Wie geht es Mama?", fragte Patrizia mit ihrer dünnen, leisen Stimme, ohne auf das einzugehen, was ich gesagt hatte. Komisch, dass Adam sie nie gemocht hatte.

Ich dachte an Mama, die zu Hause herumtorkelte und Billy streichelte und die Wohnung verkommen ließ.

„Gut", sagte ich trotzdem.

„Und, wie geht es Adam? Ist er noch da? Haut er Mama immer noch so oft?"

Ich runzelte die Stirn. „Alles ist okay. Klar ist Adam noch da. Und er schlägt überhaupt niemanden."

Wir schauten uns an.

„Kommst du mal wieder zurück?", fragte ich, als mir diese lauernde Stille zwischen uns zu viel wurde.

Patrizia zuckte mit den Achseln. „Vielleicht", sagte sie nachdenklich. Worüber sie wohl nachdachte?

„Wie ist es denn bei ... deinem Vater?“, fragte ich.

„Ganz gut“, sagte Patrizia nervös und trat von einem Fuß auf den anderen.

Dann gab sie mir ihre Adresse und wir nickten uns zu und ich ging niedergeschlagen weiter und meine Schwester blieb vor dem Schaufenster zurück, in das sie, als ich mich noch einmal umdrehte, schon wieder reglos hineinsah.

Ich hatte plötzlich das Gefühl, gleich losheulen zu müssen. Es fühlte sich an, als hätte ich ein schmerzendes Loch in der Brust. Warum war alles nur so abscheulich?

Ein paar Tage später schleppte ich mich widerwillig über den Schulhof. Es goss in Strömen, und ich ging absichtlich durch viele Pfützen. Das Regenwasser quietschte in meinen Schuhen.

Am Tag vorher war Herr Bernhard vom Jugendamt bei uns gewesen. Diesmal hatte er nicht vorher angerufen, aber zum Glück war meine Mutter angezogen gewesen, als er klingelte.

In den letzten Tagen zog sie sich wieder häufiger an, aber sie trank auch noch mehr als sonst. Sie fing schon am frühen Morgen damit an.

„Ich brauche das“, erklärte sie mir mit bedrückter Stimme, als ich einmal wütend die vielen Wein- und Sherryflaschen vom Wohnzimmertisch geräumt hatte. „Ich habe sonst Angst vor dem Tag, Juli.“

Ich schaute sie überrascht an. Sonst nannte sie mich niemals Juli. Sonst nannte sie mich höchstens Patrick, aber meistens sprach sie mich überhaupt nicht an.

Seit sie so viel trank, zitterten ihre Hände ständig und wenn sie sich nicht gerade an Billy festhielt, hielt sie mit ihrer einen Hand die andere Hand fest.

Herr Bernhard setzte sich in einen der Wohnzimmersessel und blieb eine knappe halbe Stunde. Er hatte einen Brief der Schule dabei, in dem genau aufgelistet war, wann und wie oft ich gefehlt hatte.

„Wie ist das bloß möglich?“, sagte meine Mutter immer wieder mit ihrer fahrigen Stimme und streichelte wie wild an Billy herum. Ich schaute den Mann vom Jugendamt an. Sah er, dass meine Mutter betrunken war, oder sah er es nicht?

Ich fand es nicht heraus.

„Wenn du nicht von alleine zur Schule kommst, wird dich die Polizei hinbringen“, sagte er zu mir.

Ich schwieg.

„Willst du das?“, fragte Herr Bernhard und schaute mich prüfend an.

Ich schwieg weiter.

„Oder würdest du vielleicht gerne für eine Weile in einer Wohngemeinschaft der Jugendhilfe wohnen?“

Dieser Mann, der ganz eindeutig mein Feind war, lächelte mich an und seine Stimme klang besorgniserregend freundlich und zuvorkommend.

Warum sah er nicht, dass meine Mutter betrunken war? Warum befreite er mich nicht von ihr? Warum konnte er mir nicht helfen?

„Nun, Patrick, würdest du gerne eine Zeit lang in einer Wohngemeinschaft leben?“, fragte er in diesem Moment ein zweites Mal.

Ich kniff die Augen zusammen und tippte mir böse mit dem Zeigefinger an die Stirn.

„Es wäre zu deinem Besten“, sagte Herr Bernhard und blätterte in seinen Unterlagen. Erschrocken sah ich, dass auf dem Aktendeckel des Hefters mein Name stand.

Patrick Caspari stand dort. Und darunter mein Geburtsdatum und zuallerunterst, in Klammern, der Name meiner Mutter.

„Wie dem auch sei, in die Schule musst du gehen, mein Junge", sagte mein Feind zum Schluss. Er machte Anstalten aufzustehen, aber plötzlich fiel ihm noch etwas ein.

„Wie ist es überhaupt mit Herrn Dorczok?", fragte er unvermittelt und schaute meine Mutter an.

Für einen kurzen Moment war ich fast verwirrt, aber natürlich, mit *Herrn Dorczok* meinte er Adam. Adam Vitalis Dorczok, meinen Stiefvater.

„Der kommt wieder", sagte meine Mutter wie aus der Pistole geschossen. „Der kommt immer wieder. Gerade sitzt er, aber wenn das rum ist, kommt er zurück, garantiert."

Ich atmete auf und wünschte mir, dass Herr Bernhard eine bestimmte Frage stellen würde. Und er tat es und ich hielt die Luft an.

„Wie lange muss er denn noch einsitzen?"

Einsitzen. Was für ein blödes Wort.

„Vier Monate", murmelte meine Mutter. „Eigentlich etwas mehr, aber sie lassen ihn bestimmt früher gehen, weil er sogar da drin alle um den Finger wickelt."

Sie lachte leise, leise und sehnsuchtsvoll. Ich hob den Kopf und schaute sie an, meine betrunkene, dicke, unglückliche Mutter.

Was war nur schief gelaufen in ihrem Leben?

Und wegen Herrn Bernhard ging ich am nächsten Tag in die Schule. Der Regen durchweichte meine Haare und mein Sweatshirt und lief mir über das Gesicht.

„Da bist du ja mal wieder, Patrick!", rief Wladimir, als er mich kommen sah. Wladimir saß mit Malte und Sven auf den Treppen zum Hauptgebäude. Wladimirs Vater war der Filialleiter des Supermarktes, in dem ich immer einkaufen ging. Oder Adam, wenn er da war. Meine Mutter ging nur selbst, um Alkohol und Katzenfutter zu holen. Manchmal kaufte sie dann wahllos eine Dose Aprikosen oder eine Packung Multivitaminbonbons oder ein paar Tüten Chips oder ein Fertigmenü für die Mikrowelle dazu. Aber Verlass war darauf nie. Verlass war nur auf Alkohol und Katzenfutter.

Ich ging an Wladimir und seinen Freunden vorüber, ohne sie anzuschauen.

„Mein Vater sagt, seine Mutter ist eine richtige Säuferin", meinte Wladimir ungerührt, kaum dass ich an ihm vorbei war.

Scheißkerl, dachte ich verzweifelt.

Mein Leben war eine einzige Katastrophe, wenn man es genau nahm.

Ich dachte an das *Ich-will-nicht-mehr-leben*-Gejammer meiner Mutter, von der Wladimir sagte, sie sei eine Säuferin.

Vielleicht will ich auch nicht mehr leben, dachte ich und trat gegen die Wand. Einmal, zweimal, dreimal.

„He, sofort aufhören!", rief eine Stimme vom Ende des Ganges. Es war die Stimme unseres Rektors.

Da trat ich noch dreimal zu. Gelbe Wandfarbe bröckelte von der Flurwand und ich ballte die Hände zu Fäusten und stapfte laut die Treppe hinauf.

5

„Wo ist mein leiblicher Vater und warum habt ihr euch getrennt?“, fragte ich und schubste den schwarzen Kater vom Sofatisch.

„Billylein, komm her!“, rief meine Mutter sofort und lockte das verfressene Tier mit einer Praline.

„Mama, nun sag doch mal!“, bat ich leise. Es war mein vierzehnter Geburtstag und am Nachmittag hatte es an der Haustür geklingelt. Einen Moment lang dachte ich, es könnte Adam sein, aber dann wurde mir klar, dass Adam ja einen Hausschlüssel hatte und nicht zu klingeln brauchte.

Verwirrt drückte ich auf den Türöffner und blieb abwartend im Treppenhaus stehen. Und dann stand ich plötzlich meinem Feind vom Jugendamt gegenüber.

„Herzlichen Glückwunsch, Patrick“, sagte er und wieder war seine Stimme merkwürdig heiter und freundlich. Und dann schenkte er mir zwei Kinogutscheine und eine CD mit aktuellen Hits. Anschließend begrüßte er meine Mutter und verkündete uns, dass wir ab nächster Woche eine Familienhilfe bekämen.

„Ich will niemanden hier haben“, sagte meine Mutter steif. „Ich will keine verdammten Schnüffler hier haben.“

So ging es eine Weile hin und her und dabei trank meine Mutter drei Gläser Wein. Ich sah, dass Herr Bernhard es sah, und fühlte mich ein bisschen erleichtert.

„Wie dem auch sei, Frau Aydimir kommt ab nächsten Montag“, sagte Herr Bernhard zum Schluss und ging wieder.

„Hör auf mit dieser Fragerei“, jammerte meine Mutter später am Abend. „Ich habe Kopfschmerzen und fühle mich krank.“

„Nein, ich will es wissen“, bohrte ich nervös. „Nun sag

schon, wo ist er und warum habt ihr euch getrennt? Und was macht er heute? Warum kommt er mich nie besuchen? Wann hast du ihn zum letzten Mal gesehen?"

„Patrick, ich will nicht drüber reden", sagte meine Mutter und streichelte Billy mit bebenden Händen. „Er ist böse und verdorben, mehr brauchst du nicht zu wissen ..."

„Ich will es aber wissen!", schrie ich plötzlich und schubste den Kater von ihrem Schoß.

„Billy!", rief meine Mutter und richtete sich auf.

„Mama!", schrie ich. „Bitte ..."

Dann gab meine Mutter nach. Sie sackte zurück auf das Sofa, klammerte sich an ihre Wolldecke und schaute mich niedergeschlagen an.

„Er war böse, Patrick", sagte sie leise und bedeckte ihr Gesicht mit den Händen. „Und er hat mich geschlagen und mich zu dem gemacht, was ich heute bin. Ich habe keine Ahnung, wo er steckt. Und ich will es auch gar nicht wissen."

Es war auf einmal sehr still zwischen uns.

„Wie ist sein Name?", fragte ich irgendwann und meine Stimme wackelte.

„Karl Müller", sagte meine Mutter matt. „Und er ging, als du knapp ein Jahr alt warst. Vorher hat er mich so verprügelt, dass ich ins Krankenhaus eingeliefert wurde. Zwei Rippen waren gebrochen und ich hatte blaue Flecken von Kopf bis Fuß."

Ich schluckte.

„Damals war ich noch hübsch und schlank. Und ich konnte lustig sein. Manchmal bin ich tanzen gegangen. Aber wegen deinem Vater bin ich immer fetter geworden und innerlich kaputtgegangen. Denn irgendetwas in mir drin ist kaputt, Patrick, da bin ich mir sicher."

Während sie redete, trank sie. Nach und nach verschwammen ihre Stimme und ihr Blick.

„Und dann?“, fragte ich leise.

„Dann kam Gunnar“, fuhr meine Mutter fort und seufzte tief. „Er sah ordentlich aus und er arbeitete in einem Fitness-Studio. Er benutzte immer ein teures Aftershave von Adidas und er hatte schöne hellblaue Augen. Ich dachte, er wäre besser als Karl. Er fand dich niedlich und sagte, du sähest aus wie ein wildes, kleines Äffchen mit deinen zerzausten schwarzen Haaren. Er sagte, er wolle dein neuer Papa sein.“

Meine Mutter trank schlückchenweise Sherry und schaute gedankenverloren vor sich hin. Ab und zu lief ihr eine einzelne Träne über das kugelrunde Gesicht.

„Und dann kam Patrizia und Gunnar wurde immer gereizter. Und bald war es wie mit Karl. Gunnar schlug mich. Nicht mit der Faust wie Karl, sondern mit der flachen Hand und hinterher kaufte er mir teures Make-up, damit ich die Abdrücke seiner Finger in meinem Gesicht wegschminken konnte. Und eines Tages hatte er einfach genug von mir. Es war ihm peinlich, dass ich so dick geworden war. Und dann ging er eben ...“

Die letzten Worte meiner Mutter waren kaum noch zu verstehen gewesen, sie weinte und schluchzte und lallte und ich konnte es nicht ertragen.

Stumm stand ich auf, suchte nach Billy, drückte ihn meiner Mutter auf den Schoß und ging ins Bett. Es war fast Mitternacht.

„Gute Nacht, Schatz“, nuschelte meine Mutter, als ich in der Wohnzimmertür stand.

Ich zuckte förmlich zusammen.

Noch nie hatte sie mich so genannt.

„Gute Nacht, Schatz. Gute Nacht, Schatz. Gute Nacht, Schatz ...“ Ich murmelte es ungefähr tausendmal vor mich hin, bis ich endlich einschlafen konnte.

Natürlich war das peinlich, aber ich tat es trotzdem. Ich fühlte mich fast wohl in dieser Nacht.

Irgendwie hatte ich angenommen, warum auch immer, dass es von jetzt an besser zwischen mir und meiner Mutter sein würde. Besser und anders.

Aber es wurde nicht besser. Und nicht anders. Es blieb, wie es immer gewesen war.

Das Einzige, was sich änderte, war, dass wir von da an dreimal in der Woche Besuch von Frau Aydimir hatten.

„Guten Tag", begrüßte sie mich, als sie zum ersten Mal ins Wohnzimmer kam. Sie schaute sich um und ich stand in der offenen Tür und fand es schrecklich, dass sie sah, wie schmutzig und unordentlich es bei uns war. Meine Mutter saß träge auf dem Sofa und betrachtete Frau Aydimir misstrauisch. Was sie sah, schien ihr nicht besonders zu gefallen. Frau Aydimir war hübsch und jung und roch nach Parfüm und sie summte bei der Arbeit und sie setzte sich geduldig zu meiner Mutter und besprach mit ihr den Haushalt und die Einkaufslisten.

Vielleicht würde ja jetzt alles besser werden.

Hoffnungsvoll ging ich am nächsten Tag fast pünktlich in die Schule.

Aber das war der Tag, an dem ich hörte, was die Jungen in meiner Klasse über mich sagten. Sie sprachen nicht einmal leise, dabei stand ich ganz in ihrer Nähe, und es war in der zweiten großen Pause auf dem Schulhof.

„Der Idiot kommt ja in der letzten Zeit tatsächlich wieder ab und zu in die Schule", sagte Malte verwundert und schaute dabei zu mir rüber.

„Das wird ihm aber trotzdem nichts mehr nützen", knurrte Wladimir und verzog das Gesicht, während er mit einer Hand in eine Tüte Chips griff, die Sven ihm entgegenstreckte, und sich den Mund vollstopfte. „Sitzen bleibt er trotzdem, da bin ich mir sicher!"

„Ist doch okay, schließlich können wir echt froh sein, wenn wir den blöden Scheißer los sind", fügte Wladimir kauend hinzu. „Er ist nichts weiter als ein bekloppter Null-Checker und er trägt billige Scheißklamotten und stinkt nach Aschenbecher, dass einem schlecht wird ..."

Malte und Sven nickten zustimmend.

„Und nach Katzenpisse riecht er übrigens auch", sagte in dem Moment Paul, unser Klassensprecher, der bisher nur schweigend zugehört hatte.

Neben Paul hatte ich an diesem Tag in Englisch gesessen, als wir ins Sprachlabor gegangen waren.

Ich spürte, dass ich es gleich nicht mehr aushalten würde.

Das Blut in meinem Körper fühlte sich plötzlich an, als sei es gefroren. Eisig zischte es mir durch die Adern. Am liebsten hätte ich mich auf die vier gestürzt und ihnen in die fiesen Gesichter geschlagen und ich wünschte mir die Kraft, sie zu Boden zu treten und ihnen richtig wehzutun.

Aber das ging natürlich nicht. Malte war der stärkste Junge der ganzen Klasse und Sven und Wladimir machten Karate und ich war kleiner als sie alle.

Aber etwas musste ich tun. Und darum tat ich etwas.

Ich ging davon, einfach so. Meine Schulsachen waren natürlich oben im Klassenraum. Aber das war mir egal. Alles war mir egal. Ich wollte nur verschwinden.

Bis zum Abend blieb ich in der Stadt. Es war Anfang Oktober, der Himmel war blau und die Sonne schien und es war sehr kalt. Vor einer Woche war es noch ziemlich warm gewesen, aber plötzlich, von einem Tag auf den anderen, war es herbstlich geworden. Frost lag in der Luft.

Adam, der ja eigentlich ein Frühlingsfan war, ein Fan von

Licht und bunten Farben und lauem Frühlingswind, mochte auch den sonnigen, bunten Oktober.

„Besser als der verregnete November und der dunkle Dezember", hatte er mal gesagt. „Und ich mag es, den Frost in der Luft zu spüren."

An diesem Abend war der Frost in der Luft zu spüren. Es war schrecklich kalt und meine alte Jeansjacke, die ich mir im Frühling von meinem Kleidergeld vom Sozialamt gekauft hatte, hing ja immer noch an meinem Sitzplatz in der Schule.

Missmutig lief ich kreuz und quer durch die Fußgängerzone und durch die Kaufhäuser und durch eine Menge kleiner Geschäfte. Überall um mich herum waren Menschen mit Einkaufstüten, nur ich hatte kaum einen Cent in der Tasche. Unser Haushaltsgeld war ständig alle, weil meine Mutter viel zu viel davon in Alkohol steckte und für mich so gut wie nichts übrig blieb. Ich spürte, wie meine Laune immer weiter sank.

Und in diesem Moment sah ich sie plötzlich: eine Lederjacke.

Sie hing draußen vor einem Ledergeschäft an einem Kleiderständer mit reduzierten Artikeln.

Wladimir hatte so eine Jacke, er hatte sie vorhin auf dem Schulhof angehabt. Langsam ging ich näher und nahm sie in die Hand. Sie war wirklich schön. Schön und cool und sie sah teuer aus. Ich suchte das Preisschild und fand zwei Preisschilder. Auf dem einen stand der alte Preis und auf dem anderen der neue.

119,99 Euro stand auf dem zweiten Schild. So viel kostete die blöde Jacke immer noch? Ich spürte meinen Herzschlag am ganzen Körper und plötzlich war mir heiß und kalt zugleich. Überall waren Menschen, die ganze Stadt war voll mit ihnen, lachende, einkaufende, sich unterhaltende Menschen, überall um mich herum. Aber hier war keiner. Hier, direkt bei mir, war niemand.

Und darum behielt ich die Jacke in der Hand und ging davon. Ich sah aus wie einer, der von der Reinigung kommt. Ich trug die teure Jacke behutsam an dem Bügel, an dem sie hing, und ging mit ihr davon. Einfach so. Kein bisschen heimlich. Ich fühlte mich wie ferngesteuert. Und nach ein paar Schritten fühlte ich mich sehr zufrieden. Ich schlüpfte in die neue Jacke und machte mich auf den Weg nach Hause.

In unserer Wohnung roch es jetzt manchmal ein bisschen nach Frau Aydimirs Parfüm. Sie hatte mir erzählt, dass sie aus der Türkei stamme und ihr Mann ein türkisches Lokal führe und sie ein kleines Kind hätten.

Sie war erst sechsundzwanzig und hatte große, sehr dunkle Augen, die mich ein wenig an die Augen meiner Schwester erinnerten. Nicht wegen der Farbe, aber wegen ihrer Form und der langen, gebogenen Wimpern.

Frau Aydimir ging zusammen mit meiner Mutter einkaufen und sie überredete sie zu gemeinsamer Hausarbeit und sie trug zusammen mit ihr die leeren Sherry- und Weinflaschen zum Altglascontainer. An den Tagen, an denen sie da war, zog meine Mutter sich jetzt immer an, aber an den anderen Tagen blieb sie, wie früher, auf dem Sofa.

Einmal hörte ich, wie Frau Aydimir mit meiner Mutter über ihr Trinken sprach. Schnell ging ich in mein Zimmer, ich wollte das nicht mit anhören.

Und dann begann mein Körper, verrücktzuspielen.

Es passierte von einem Tag auf den anderen, oder eigentlich eher von einer Nacht auf die andere.

Es fing mit einem Traum an, einem blödsinnigen Traum, der nichts weiter als Quatsch war. Und es war nach einem Tag, an dem Frau Aydimir nicht bei uns gewesen war. Meine Mutter hatte auf dem Sofa gelegen, Billy gestreichelt, Pralinen gegessen, Fernsehen geschaut und Sherry getrunken.

Ich hatte an dem Tag wieder die Schule geschwänzt und war stattdessen in der Stadt gewesen. Mit meiner neuen Jacke. Es war wieder ein kalter, frostiger Tag gewesen und ich hatte etwas bei McDonald's gegessen und anschließend hatte ich im Ausverkauf eines kleinen Sportgeschäftes einen Nike-Rucksack mitgehen lassen. Es war ganz leicht gewesen und ich fühlte mich gut. Mit der neuen Jacke und dem neuen schwarzen Rucksack sah ich viel besser aus als sonst.

Am Abend war ich immer noch gut drauf gewesen und ich hatte mich zu meiner Mutter gesetzt und mit ihr Fernsehen geschaut und dabei Wein aus der Flasche getrunken, die offen auf dem Sofatisch stand.

„Patrick, trink Cola", hatte meine Mutter gemurmelt, aber ich hatte trotzdem immer weiter Wein getrunken. In meinem Kopf war ein warmes, heiteres Gefühl entstanden.

Bis Mitternacht schaute ich fern. Meine Mutter war längst auf dem Sofa eingeschlafen. Sie schnarchte leise und ihr linker Arm lag über ihrem Kopf und ihr Mund stand wieder mal ein bisschen offen. Ich schaute sie eine Weile an und das warme Gefühl in meinem Kopf breitete sich überall in mir aus. Schließlich stand ich auf und berührte vorsichtig die blonden wirren Haare meiner Mutter, von denen Adam mal gesagt hatte, sie sähen aus wie ein Heiligenschein. Ein Heiligenschein um den Kopf meiner Mutter herum. Ich lächelte bei dieser Erinnerung. Und dann tat ich etwas völlig Blödes. Ich beugte mich vorsichtig nach vorne und küsste meine Mutter auf die Wange. Ganz kurz bloß. Und ganz leicht.

„Gute Nacht, Mama", flüsterte ich. Danach ging ich schlafen.

Und dann träumte ich diesen Traum, in dem Frau Aydimir vorkam.

Sie stand auf einmal vor mir und lächelte mich an.

„Ich habe meinen Mann und mein Kind und unser Lokal verlassen", sagte sie mit ihrer schönen Stimme.

„Warum?", fragte ich.

„Deinetwegen", sagte sie.

Ich starrte sie verwirrt an.

„Hast du nicht gemerkt, dass ich dich liebe?", fragte sie und lehnte plötzlich ihre Stirn gegen meine Stirn.

In diesem Moment wachte ich auf. Stumm und still lag ich da und hatte Herzklopfen. Was war nur los mit mir? Ich konnte das, was ich fühlte, im ersten Moment überhaupt nicht begreifen. Aber dann verstand ich es doch. Ich zitterte am ganzen Körper und alles an mir sehnte sich danach, wieder in diesem Traum zu sein. Wieder die weiche Haut von Frau Aydimirs Stirn spüren zu dürfen und dazu den Geruch ihrer Haut und die Nähe ihres Körpers.

Ich musste plötzlich auch an die Mädchen in unserer Klasse denken. An ihre Gesichter und ihre Körper, an ihre Bewegungen, wenn sie gingen und wie es war, wenn sie in dem Gedränge auf dem Schulflur versehentlich mit dem Arm oder der Schulter gegen einen stießen.

Meine Hände waren auf einmal ganz kalt, während mein Gesicht glühte und mein Herz wie verrückt von innen gegen meine Brust hämmerte.

Und von da an war ich nicht mehr der Alte. Es kam mir vor, als hätte ich plötzlich den Verstand verloren. Immerzu erregte mich irgendetwas und mein Körper ließ mich Dinge denken und tun, die ich früher nie gedacht und getan hatte.

Wochenlang war ich fix und fertig und manchmal dachte ich, ich wäre vielleicht krank. Wie ein Wahnsinniger stellte ich mir alle Mädchen und Frauen um mich herum nackt vor. Es war schrecklich. Und gleichzeitig veränderte sich meine Stimme. Dauernd kippte sie um, wenn ich nur mal kurz den Mund aufmachte.

Ich fühlte mich plötzlich mir selbst sehr fremd.

Und dann traf ich Mia und ich erinnere mich bis heute an jedes Detail dieser ersten Begegnung. Es war ein Dienstag, die Sonne schien, aber es war kalt. Am Himmel waren weiße und hellgraue Wolken, die so aussahen, als hätte jemand einen sehr nassen, weichen Pinsel über den Himmel gezogen und es wehte ein wirbeliger, winterlicher Wind.

Mia tauchte einfach an diesem Dienstag in unserer Straße auf und ich sah sie, als ich mit einer Tüte leerer Flaschen auf dem Weg zum Altglascontainer war.

Sie war ein fremdes Mädchen, das ich noch nie gesehen hatte. Sie stand auf der einen Straßenseite und ich ging auf der anderen und sie war so hübsch, dass ich wie angewurzelt stehen blieb, um sie anzuschauen. Sie hatte lange braune glatte Haare und ein schönes, vergnügtes, selbstbewusstes Gesicht.

Ich fühlte mich unbedeutend und schäbig gegen sie. Nervös riss ich mich von ihrem Anblick los und ging weiter. Trotzdem sah ich noch, dass sie mich auch ansah. Und sie lächelte mir tatsächlich zu.

Ich fühlte mich davon fast erschlagen.

6

Eines Tages hörte ich einen Schlüssel im Türschloss und gleich darauf schwere Schritte im Flur. Ich saß im Wohnzimmer vor dem Fernseher. Meine Mutter war im Schlafzimmer und schlief. Sie hatte am Morgen solche Kopfschmerzen gehabt, dass sie ausnahmsweise den Fernseher nicht ertrug.

„Adam ...", sagte ich verblüfft mit meiner neuen Stimme. In der letzten Zeit hatte ich, ohne es zu merken, kaum noch an ihn gedacht.

Ja, Adam war wieder da, und noch einmal gelang der Zauber seiner Heimkehr.

„He, du hast ja eine neue Stimme", sagte er und grinste mir zu. Dann kam er ins Wohnzimmer und boxte mir gegen die Schulter. „Lange nicht gesehen, Kumpel."

Ich nickte und war so froh, dass er wieder da war. An meinem Geburtstag im März hatte meine Mutter zu Herrn Bernhard gesagt, Adam käme in vier Monaten wieder, aber jetzt war schon November.

„Hier sieht es gut aus", sagte Adam und schaute sich im Wohnzimmer um. Ich dachte an Frau Aydimir, aber ich sagte nichts.

Eine Woche lang hatten Adam und ich viel Spaß. Wir fuhren auf Adams Motorrad und Adam ließ mich einmal eine kleine Runde auf einem stillen Waldweg drehen. Anschließend wanderten wir quer durchs Unterholz und besuchten unseren Baum, dem es gut ging, obwohl er natürlich wie alle anderen Bäume seine Blätter verloren hatte.

Adam berührte zufrieden seine dünnen, zarten Äste.

„In der Stadt wäre er schon längst verreckt", sagte er und warf mir einen zufriedenen Blick zu.

Ich nickte.

„Wollen wir Tomas und Josefa besuchen?“, fragte ich einmal, aber Adam schüttelte den Kopf.

„Da kriegen mich keine zehn Pferde mehr hin“, knurrte er und sein Blick verdüsterte sich zum ersten Mal, seit er wieder bei uns war.

„Warum nicht?“, fragte ich verwundert.

„Tomas ist ein Hornochse und Josefa eine Närrin“, sagte Adam, und mehr sagte er nicht. Erst am Abend, als er zum ersten Mal seit seiner Rückkehr wieder Streit mit meiner Mutter hatte, erfuhr ich, was passiert war. Adam war gar nicht auf dem direkten Weg vom Gefängnis zu uns gekommen, sondern hatte schon ein paar Wochen bei Tomas und Josefa gehaust, ehe er zu uns zurückkam. Und er kam deshalb zurück, weil Tomas ihn vor die Tür gesetzt hatte. Und Tomas hatte ihn vor die Tür gesetzt, weil Adam schon wieder dabei war, irgendein krummes Ding zu drehen. Das hatte Tomas nicht gepasst.

„Dieser Schisser“, schimpfte Adam und trank ein Dosenbier. „Dabei wäre für ihn doch auch was rausgesprungen bei der Sache ...“

Meine Mutter machte ein böses Gesicht.

„Warum musstest du überhaupt bei Tomas unterkriechen?“, schimpfte sie. „Wo ich so auf dich gewartet habe!“

„He, ich bin nicht dein Eigentum, verdammt!“, schrie Adam.

„Nein, ein Schuft und ein Ganove und ein verkommener Zigeuner, das bist du!“, schluchzte meine Mutter wirr.

Da gab ihr Adam eine Ohrfeige. Ich saß im Flur auf dem Boden, mit dem Rücken an der Wand, und hörte zu.

„Sei still, Nanni!“, fauchte Adam.

„Verschwinde, Adam!“, jammerte meine Mutter.

Wieder hörte ich ein Aufklatschen. Und dann noch eins. Meine Mutter weinte leise.

Ich fühlte mich plötzlich sehr merkwürdig. Ich liebte Adam doch. Was war nur plötzlich los mit mir? Warum hatte ich auf einmal eine solche Wut auf ihn? Am liebsten wollte ich ins Wohnzimmer stürzen und ihn daran hindern, meine Mutter zu schlagen. Dazu hatte er kein recht. Sie war in ihrem Leben genug geschlagen worden.

Wie konnte es sein, dass ich Adam, den ich so vermisst hatte und den ich doch liebte, plötzlich abstoßend und abscheulich fand?

Verwirrt und nervös lehnte ich meinen Kopf an die Wand und schloss die Augen. Ich hörte, wie es wieder im Wohnzimmer polterte. Am liebsten hätte ich mir die Ohren zugehalten.

„Adam, du Dreckskerl ...", flüsterte ich tonlos. Gleich darauf stolperten Adam und meine Mutter durch den Flur an mir vorüber, ohne mich zu beachten. Sie gingen ins Schlafzimmer, aber ich hörte, dass sie keineswegs schliefen.

Mit klopfendem Herzen blieb ich, wo ich war, und lauschte auf das, was die beiden da taten.

Ich verstand die Welt nicht mehr. Überhaupt nicht mehr.

Am nächsten Tag hatte meine Mutter ein blaues Auge, aber trotzdem lächelte sie und machte für uns Frühstück.

Es war Samstag und Adam rauchte und spielte Gitarre und war guter Laune. Mittags schlug er vor, mit mir ins Museum in der Innenstadt zu fahren.

„Dort ist eine Ausstellung von Van Gogh, da war ich schon ein paarmal in den letzten Tagen", sagte er und schlüpfte in seine Jacke. „Los, ich zeige dir seine Bilder."

Ergeben ging ich mit, aber ich spürte, dass meine Gefühle für Adam nicht mehr in Ordnung waren. Zum ersten Mal fiel mir auf, dass er nach kaltem Tabak und nach Alkohol und billigem Aftershave roch, und ich fand plötzlich, dass er mit seinen ungleichen Händen brutal und roh aussah.

Trotzdem wanderten wir Seite an Seite durch das Museum und Adam erzählte mir eine Menge aus Vincent Van Goghs Leben. Wann und wo er gelebt hatte und wann und wie er gestorben war und solche Dinge. Ich fand seine Bilder nicht besonders originell, aber Adam war ganz verrückt nach ihnen. Es gab eine Unmenge Blumen und Landschaften und düstere Bilder zu sehen, auf denen todernste Menschen mit todernsten Mienen abgebildet waren. Aber ein Bild zeigte ein Feld mit kunterbunten Blumenbeeten und einen Himmel voller kleiner, heller, vergnügter Wolken, dazwischen zwei Bauernhäuser und zwei dünne, elegante Bäume. Dieses Bild war Adams Lieblingsbild. Wenn keiner hinsah, ging Adam ganz nah an das Gemälde heran und fuhr mit dem dünnen, schmächtigen Zeigefinger seiner dünnen, schmächtigen Hand in Millimeterabstand darüber hinweg. Es sah fast so aus, als würde er das Bild streicheln.

So war Adam eben und so hatte ich ihn gerne. Ich wünschte mir, dass er nur so wäre und dass es den anderen, den schreienden, zuschlagenden Adam nicht geben würde.

Aber schon am gleichen Abend gab es wieder Streit bei uns. Und es ging um Adams Wunsch nach einem eigenen Kind.

„Bärbel ist schon wieder schwanger, zum Teufel nochmal“, schrie er meine Mutter an. „Und Josefa und Tomas haben auch drei Kinder!“

Ich zog mir meine Jacke an und verließ die Wohnung. Ich hatte von Adam so genug wie von meiner Mutter.

Ich lief durch dünnen, kalten, feindseligen Regen in die Stadt. Und dort traf ich Noah. Und durch ihn wurde alles anders.

Noah wurde mein Kumpel, mein Freund, mein allererster Freund.

Wir trafen uns am Bahnhof, wo wir beide herumlungerten und nichts taten. Ich fror trotz meiner Lederjacke und ich hatte Hunger und kaufte mir von meinem letzten Geld einen Hamburger bei McDonald's. Noah saß auf der Lehne einer Wartebank und rauchte. Unsere Blicke trafen sich und plötzlich lächelte der fremde Junge mir zu.

„Scheißtag, was?", sagte er und schnippte Asche von seiner Zigarette.

Ich nickte und blieb unschlüssig stehen.

„Auch eine Kippe?", fragte der Junge.

Ich nickte wieder und zog nervös eine Zigarette aus der Schachtel, die der Junge mir entgegenhielt. Eine Weile rauchten wir schweigend. Ich fror immer mehr und von der Zigarette wurde mir schwindelig und flau im Magen.

„Scheißtag und Scheißwetter ...", sagte der fremde Junge neben mir irgendwann.

Ich nickte wieder.

„Gesprächig bist du ja nicht gerade."

Dazu schwieg ich.

„Ich heiße jedenfalls Noah", sagte der Junge und sprang von der Bank. „Los, wir besorgen uns was zum Aufwärmen."

„Okay", murmelte ich und ging einfach mit. Schließlich hatte ich nichts Besseres vor.

Was Noah zum Aufwärmen besorgte, war eine Flasche Wodka. Dazu kaufte er eine Flasche Cola. Und dann gingen wir durch den Regen zu seinem Haus. Es war ein düsteres Haus in der Innenstadt und wir stiegen bis ins oberste Stockwerk hinauf.

„Fast hundert Stufen, so ein Scheiß", knurrte Noah. Aber mir gefiel das Haus. Dabei war das Treppenhaus noch schmuddeliger als unseres, aber es hatte knarrende Stufen und ein schnörkeliges Treppengeländer und auf jedem Absatz ein rundes, altmodisches Fenster zum Hof.

„Ich wohne hier zusammen mit meiner Alten“, erklärte Noah und schloss die Wohnungstür auf. „Aber keine Angst, die ist jede Nacht unterwegs ...“

Nebeneinander gingen wir durch die stille, dunkle Wohnung in Noahs Zimmer, das genauso unordentlich aussah wie meines.

Und dann betrank ich mich. Wir mischten den Wodka mit der Cola und leerten beide Flaschen. Noahs Zimmer begann, sich zu drehen und ich sank auf Noahs Matratze und irgendwann erzählte ich ihm alles über meine Mutter und meinen verschwundenen Vater und über Adam, der meine Mutter so oft verprügelte und anschließend mit ihr schlief. Ich redete und redete und irgendwann heulte ich und irgendwann versank ich in der Nacht und in Noahs dunklem, schwankendem Zimmer.

Von dem Tag an war Noah mein Freund. Wir hingen zusammen herum, wir schwänzten beide die Schule, wir klauten zusammen Wodka an Tankstellen, wir schauten stundenlang zusammen Videos, Horrorfilme und *König der Löwen* und *Krieg der Sterne* und *Das Dschungelbuch*, alles kunterbunt durcheinander. Und manchmal schauten wir abends auch nur wie verrückt die Sexwerbungen bei den privaten Fernsehsendern.

Noahs Mutter war jung und hübsch und lustig, aber Noah war trotzdem nicht gut auf sie zu sprechen.

„Sie hat dauernd andere Kerle, mit denen sie rummacht“, erklärte er mir knapp. „Ich mag nicht über sie reden.“

Ich nickte und redete auch nicht mehr über meine Mutter und Adam. Es war mir sowieso lieber, wenn Noah meine Mutter nicht so schnell zu Gesicht bekam. Ich schämte mich für sie. Sie war noch dicker als früher und ihre Haut sah morgens, wenn sie verschlafen auf dem Sofa saß und ihre erste Zigarette rauchte, grau aus. Unter ihren immer müden Augen lagen tiefe Schatten. Noahs Mutter dagegen war jung und dünn und hübsch und sie benutzte das gleiche Parfüm wie Frau Aydimir, die seit einer Weile nicht mehr bei uns gewesen war. Erst wusste ich nicht, warum, aber eines Tages hörte ich zufällig, wie es dazu gekommen war.

Ich hatte gerade die Tür aufgeschlossen und meine Mutter und Adam stritten schon wieder.

„Sie hat mir gut getan", schluchzte meine Mutter. „Und du musstest alles verderben, du dreckiger Schuft!"

„Hör mir mit dieser türkischen Schlampe auf!", schimpfte Adam zurück. „Kein Wort von dem, was sie gesagt hat, ist wahr, verdammt nochmal ..."

„Natürlich ist es wahr! Ich habe doch mit eigenen Augen gesehen, wie du sie angetatscht hast!", rief meine Mutter.

So war das also. Kraftlos schlich ich mich in mein Zimmer und lehnte meinen Kopf, der plötzlich wehtat, gegen die Fensterscheibe. Ich dachte an meinen Vater. Und an Adam im Wohnzimmer. Waren eigentlich alle Männer Schweine?

„Scheißleben. Scheißleben. Scheißleben", flüsterte ich dem Winterhimmel zu.

Am nächsten Tag sah ich das fremde Mädchen zum zweiten Mal.

„Hallo", sagte sie diesmal.

„... hallo", murmelte ich unsicher und schaute sie an. Eigentlich war sie lange nicht so hübsch wie Noahs Mutter oder wie Frau Aydimir, eigentlich sah sie normal und alltäglich aus. Sie war sogar ziemlich blass und ihre Augen hatten eine undefinierbare Farbe. Was war es nur, was mir so an ihr gefiel? Warum hatte ich jetzt schon zum zweiten

Mal dieses komische Gefühl im Bauch, nur weil wir uns begegneten und sie mich ansah?

„Wir haben uns schon mal gesehen, stimmt's?", fragte sie in diesem Moment.

Ich nickte und fühlte mich nervös und unsicher. Am liebsten wäre ich einfach weitergegangen.

„Wohnst du hier?", fragte das Mädchen.

„Ja, da", sagte ich und wies auf unser Haus.

„Aha", sagte das Mädchen. „Ich wohne dahinten." Sie deutete mit dem Finger die Straße hinunter. „Bei der Lukaskirche. Mein Vater ist Pfarrer da."

„Aha", murmelte ich und dann ging ich schnell davon. Noah und ich waren in der Stadt verabredet.

„Dieses Land ist voll der Überwachungsstaat", erklärte mir Noah, als wir zusammen durch die Fußgängerzone schlenderten. „An jeden Scheiß in jedem Scheißladen kleben sie Überwachungscodes. Klamotten kann man praktisch kaum noch zocken. Die Dinger, die sie da zur Sicherheit rantackern, kriegt man nur schlecht ab ..."

Er spuckte auf den Boden. „Aber bei CDs und Computerkram geht es noch einigermaßen. Manche Codes kann man einfach abreißen und andere schlagen schon nicht mehr an, wenn man bloß ein paarmal mit dem Daumennagel über den blödsinnigen Überwachungsstreifen reibt ..."

Und so machten wir es und wir klauten den ganzen Winter.

Es war wie ein Rausch.

7

Im Januar kam die Polizei zu uns. Die schrille Türklingel weckte mich. Ich warf einen wütenden Blick auf die Uhr. Es war gerade mal kurz nach sieben. Draußen war es noch dunkel, dunkel bis auf blaues flackerndes Licht, das durch mein Fenster blitzte und warnende Schatten an meine Zimmerwand warf. Misstrauisch schaute ich hinaus. Vor dem Haus parkte ein Polizeiwagen.

Es klingelte weiter. Ich blieb, wo ich war, in meinem Bett. Irgendwann hörte ich Adam fluchend über den Flur gehen.

„Was soll das?", schrie er wütend in die Sprechanlage. Aber schließlich machte er doch die Tür auf.

Und dann ging alles sehr schnell. Vier Polizisten waren es, die meiner Mutter einen Durchsuchungsbeschluss hinhielten, und während die beiden uniformierten Beamten unsere Wohnung durchstöberten, legte einer der beiden Zivilpolizisten Adam Handschellen an.

Ich saß starr am Wohnzimmertisch, in T-Shirt und Boxershorts, und tat gar nichts. Ich vermied es, Adam anzuschauen, der stumm dastand und ebenfalls gar nichts tat.

Meine Mutter saß schluchzend auf dem Sofa und hatte sich in ihre schmuddelige Polyesterdecke eingewickelt.

„Er hat bestimmt nichts getan", murmelte sie. „Diesmal irren Sie sich. Er hat nichts angestellt, er war immer zu Hause! Adam, sag doch mal was ..."

Aber Adam schwieg, und als die Beamten schließlich mit ihm die Wohnung verließen, hatten sie eine Menge illegales Computerzubehör gefunden, Raubkopien von teuren Softwareprogrammen, dazu eine nicht gemeldete Pistole und ein kleines, unscheinbares Tütchen, in dem sich ein weißes Pulver befand.

Waren das Drogen?

„Gieß die Blumen und kümmere dich um deine Mutter, Juli“, war das Einzige, was Adam sagte, ehe er ins dämmrige Treppenhaus trat. Er schaute mich nicht an dabei und er schaute auch meine Mutter nicht an.

Ich schaute ebenfalls nicht hoch. Bis auf die schweren Schritte der fünf Männer war es ganz still in der Wohnung. Draußen wurde es langsam hell, aus der offen stehenden Küchentür drang helles silbrig graues Morgenlicht.

Und so verschwand Adam aus unserem Leben, denn er kehrte niemals wieder. Zuerst kam er in Untersuchungshaft, dann führte man ihn einem Haftrichter vor und noch bevor sein letzter Prozess begann, starb er. Einfach so.

„Adam ist tot?“, wiederholte ich entsetzt, als meine Mutter mir ein paar Wochen später mitteilte, was passiert war.

Meine Mutter trank und weinte still und brachte kein weiteres Wort heraus. Auf dem Tisch standen zwei leere Weinflaschen und eine angebrochene Sherryflasche.

„Was ist passiert? Wie kann Adam tot sein?“, schrie ich plötzlich böse.

Aber meine betrunkene Mutter konnte nicht reden. Wie ein weicher, wabbeliger Berg saß sie zusammengesunken da, rauchte, aß Schokolade, streichelte die Katze und ein paar dünne Tränen rollten über ihr dickes, verschmiertes Gesicht.

„Sag was! Sag was! Sag was!“, brüllte ich und plötzlich sah ich, wie eine Hand nach vorne schnellte und mitten in dieses dicke, träge Gesicht schlug. Einmal bloß und dann erkannte ich, wer da zuschlug. Das war ich. Ich schlug meine Mutter.

Wie ein wilder Stier drehte ich mich um und floh aus unserer schrecklichen, schmutzigen, engen, deprimierenden Wohnung.

Da waren sie alle. Josefa und Tomas mit ihren drei Kindern. Außerdem Adams Halbbruder Nikos mit seiner Frau Bärbel. Pablo, der so alt war wie ich, war auch da. Er war dick geworden in den letzten Jahren, aber er musterte mich immer noch genauso abschätzig, wie er es immer getan hatte. Seine zwei kleinen Brüder quengelten unruhig um ihn herum und Bärbel, die ich mir so als Mutter gewünscht hatte, war schon wieder schwanger.

Die älteste Tochter von Josefa und Tomas war ein bisschen jünger als ich und ich versuchte, mich an ihren Namen zu erinnern. Sie war klein und auch ein bisschen dick, aber sie hatte einen schönen, spitzen Busen, den ich wie gebannt anstarrte, während der Pfarrer vor Adams offenem Grab betete.

Ich spürte, dass ich schon wieder erregt war und es war mir peinlich, dass mir das hier passierte.

Nach der Beerdigung ging Adams Familie gemeinsam davon und ich blieb alleine zurück. Keiner schien sich sonderlich für mich zu interessieren, nur Bärbel lächelte mir zu und kam für einen Moment zu mir herüber.

„Na, Juli“, sagte sie.

Ich gab mir Mühe, nicht auf ihren dicken Bauch zu schauen.

„Na ...“, murmelte ich.

„Wo ist denn deine Mutter?“, fragte Bärbel.

„Sie ... sie fühlt sich nicht gut“, sagte ich missmutig. Ich dachte gereizt an meine Mutter, die zu Hause vor dem Fernseher lag und Werbesendungen schaute und seit Tagen kaum ein Wort von sich gab. Wir führten einen stummen Kampf miteinander. Ich weigerte mich, in die Schule zu gehen und sie weigerte sich zu leben. Sie trank und rauchte und döste und schlief. Sonst tat sie nichts.

„Komm uns doch mal wieder besuchen“, sagte Bärbel

schließlich. Ich schaute sie an. Ihr Gesicht sah müde und abgespannt aus. Sie erinnerte mich an eine schöne, zarte Blume, die im Begriff war zu verwelken und zerbröseln.

„Wer hätte gedacht, dass es so mit Adam kommen würde?", murmelte sie kopfschüttelnd. „Stirbt er einfach so an einer Gehirnblutung. Ohne Vorwarnung. Einfach so, von einem Moment zum nächsten, ganz alleine in seiner Zelle. Wir haben ja nicht mal gewusst, dass er schon wieder im Knast war. Wir dachten, er wäre bei euch und alles wäre in Ordnung ..."

Ich schluckte benommen. Und dann ging ich einfach nach Hause.

Ich besuchte Bärbel nicht. Ein paarmal wollte ich es tun, aber der Gedanke an Pablo, der bei ihr wohnte und zu ihr gehörte, weil er ihr Sohn war, lähmte mich derart, dass ich meinen Wunsch stumm aufgab.

Adam war schon oft fort gewesen. Wenn er im Gefängnis verschwunden war. Oder wenn er nach einem Streit mit meiner Mutter zu Tomas gegangen war. Aber das war etwas ganz anderes gewesen. Denn immer hatte ich auf ihn warten können. Aber jetzt brauchte ich nicht mehr zu warten.

Adam war fort und würde nie mehr zurückkommen.

Nie mehr. Nie mehr. Nie mehr.

Ich wurde fünfzehn und zog weiter mit Noah durch die Gegend. Eines Tages erfuhr ich durch Zufall, in welche Schule Noah ging.

„Du gehst auf die Albert-Schweitzer-Schule?", fragte ich ungläubig.

Noah nickte gleichgültig, während ich den Gedanken, dass mein Kumpel ins Gymnasium ging, erst einmal verdauen musste.

„... dann musst du ja ziemlich gut in der Schule sein", sagte ich schließlich.

Noah zuckte mit den Achseln. „Geht so", murmelte er. „Bin letztes Jahr sitzen geblieben. Aber hab auch schon mal so einen beknackten Mathewettbewerb gewonnen ..."

Wir saßen im Stadtpark im Gras und taten nichts, außer eine Flasche Apfelkorn zu trinken. Es war Sonntagmorgen und ich hatte die Nacht bei Noah geschlafen. Aber als morgens um sechs seine Mutter mit einem betrunkenen Mann aufgetaucht war, hatten wir uns aus dem Staub gemacht. Noah wollte es so, ich hätte am liebsten einfach weitergeschlafen, aber Noah war von einer Sekunde auf die andere hellwach gewesen, als er die laute Stimme des fremden Mannes im Flur gehört hatte. Mit zusammengekniffenen Augen saß er senkrecht im Bett.

„Los, wir verschwinden", hatte er gezischt und mich am Arm gezogen.

Ich wollte nicht aufstehen, aber Noah wurde sauer und zog sich fluchend an. Also stand ich ebenfalls auf und wir verdrückten uns.

„Ich habe den Arsch sofort an der Stimme wieder erkannt", erklärte mir Noah widerwillig, als wir draußen waren. „Der war schon ein paarmal da. Das ist ein Superkotzbrocken. Der macht einen irren Lärm, wenn er mit meiner Mutter im Bett ist ..."

Mehr sagte Noah nicht und ich fragte auch nicht.

Und darum waren wir an diesem Morgen im Park. Die Sonne schien und in den Bäumen zwitscherten eine Menge Vögel und der Himmel war blau.

Ich lag stumm da und schaute in den Himmel hinauf. Früher hatte ich geglaubt, tote Leute kämen irgendwie dorthin, und das war ein angenehmer Gedanke gewesen. Aber heute wusste ich, wie es wirklich war. Tote Menschen verwesten in einem engen, dunklen Sarg und sonst geschah nichts mit ihnen. Da war einfach ein schmales Stück Erde, durch das Ameisen, Maden, Würmer und anderes Ungeziefer krochen. Und wenn der Körper des Toten erst einmal so richtig durchweicht und modrig geworden war, dann krochen diese Viecher nicht mehr nur durch die kalte, klamme Erde, sondern auch durch das kalte, klamme Fleisch, das von dem Toten übrig geblieben war.

Ein schrecklicher Gedanke. Ich versuchte schnell, ihn zu verdrängen. In diesem Moment begannen irgendwo, Kirchenglocken zu läuten. Und da musste ich plötzlich an dieses dünne, blasse Mädchen denken, das ich jetzt schon zweimal in unserer Straße getroffen hatte. Hatte sie nicht gesagt, sie wohne in der Nähe der Lukaskirche? Nachdenklich setzte ich mich auf. Und hatte sie nicht außerdem erzählt, ihr Vater sei der Pfarrer dort?

Vielleicht war sie jetzt in der Kirche. Ich schaute über die Wiese, auf der wir lagen, hinweg und über ein paar Bäume, die den kleinen Stadtpark umgaben. Dort hinten waren die beiden Türme der Lukaskirche.

Und so machten wir uns auf den Weg.

„Du hast mir ja noch nie was von der Tussi erzählt", staunte Noah und zündete sich im Laufen eine Zigarette an.

Ich zuckte mit den Achseln. Und dann waren wir da. Als wir den Vorplatz der Kirche erreichten, war der Sonntagsgottesdienst anscheinend gerade zu Ende. Jedenfalls strömten eine Menge Menschen aus der Kirche und gingen in alle Richtungen davon.

„Sie ist keine Tussi", sagte ich ärgerlich und schaute mich vorsichtig um. Aber ich entdeckte sie nirgends.

„Mist ...", murmelte ich.

„Kein Mist", sagte Noah achselzuckend. „Was willst du mit einer Kirchentussi, he? Die ist bestimmt voll bekloppt und betet vor dem Schlafengehen. Mit der kannst du wahrscheinlich erst poppen, wenn du sie geheiratet hast ..."

Darauf gab ich keine Antwort. Schließlich ließen wir die blöde, still gewordene Lukaskirche hinter uns und bogen wahllos in eine kleine Seitenstraße ein.

„Ein scheißöder Tag, irgendwie ...", murmelte Noah gereizt. „Wenn meine Mutter nicht so schräg drauf wäre, könnten wir jetzt zu mir gehen und uns ein paar Videos reinknallen. Aber solange die Möglichkeit besteht, dass dieser Arsch noch bei uns rumhängt, bringen mich keine zehn Pferde nach Hause."

Und in diesem Moment sahen wir die alte Frau. Sie war nicht nur alt, sie schien steinalt zu sein. Sehr langsam und vorsichtig ging sie den Gehweg entlang. Anscheinend war sie ebenfalls in der Kirche gewesen. Sie trug einen altmodischen schwarzen Mantel mit einem Pelzkragen und hatte eine kleine Mütze auf dem Kopf. In der linken Hand hielt sie einen Stock, auf den sie sich bei jedem Schritt stützte, und in der rechten Hand eine große schwarze Handtasche.

Was wir dann taten, dauerte nur ein paar Sekunden.

Die kleine Frau schrie leise auf und stolperte. Aus den Augenwinkeln sah ich noch, wie sie hinfiel, aber dann waren wir schon an ihr vorüber und verschwanden in einer anderen Seitenstraße.

„Nicht schlecht!", sagte Noah zufrieden und grinste mir zu. Ganze zweihundert Euro hatte die alte Frau bei sich gehabt, in zwei ordentlichen, nagelneuen Hunderterscheinen! Und außerdem ein kleines Hörgerät und ein Fläschchen Kreislauftropfen und ein Päckchen Taschentücher und ein paar sehr alte Fotografien in ihrer altmodischen, großen Handtasche. Noah schmiss das Hörgerät, die Tropfen und die Taschentücher gut gelaunt ins Gebüsch.

Ich schaute in der Zeit die Fotos an und überlegte, ob sie der Frau wohl sehr fehlen würden. So alte Bilder waren ja unersetzlich und vielleicht hing die Frau an ihnen.

Aber dann schmiss ich die Bilder und die ansonsten leere Handtasche doch in den nächsten Mülleimer.

Verdammt, mir fehlten auch tausend Dinge. Und darum scherte sich auch keiner.

Es begann ein neues Leben. *Das neue Leben des Patrick Caspari.* Ich hatte plötzlich Geld. Wir machten es immer sonntags. Und immer in anderen Vierteln. Sonntags nach der Kirche. Manche alten Frauen hatten nur ein paar läppische Cents dabei, aber erstaunlich oft erwischten wir auch alte Frauen, die eine Menge Geld mit sich herumschleppten.

Ich kaufte mir Klamotten. Und ein neues Handy. Und eine Playstation.

Der Krieg mit meiner Mutter war zu Ende. Ich ließ sie in Ruhe und sie ließ mich in Ruhe. Eines Tages war das Sofa leer. Bis mitten in der Nacht saß ich alleine im Wohnzimmer und überlegte, was passiert sein könnte. Sollte ich die Polizei anrufen? Mir war flau und elend zumute. Aber um kurz vor Mitternacht hörte ich den Schlüssel im Türschloss. Und im nächsten Moment stand meine Mutter im Wohnzimmer. Sie roch nach Kneipenrauch und sie war nicht alleine. Sie hatte sich tatsächlich angezogen und geschminkt und war hinunter ins Leben zurückgegangen.

„Du bist noch auf?“, fragte sie und ihre Stimme klang ein bisschen betrunken. Aber anders betrunken als sonst. Nicht trostlos und sinnlos betrunken, sondern friedlich und freundlich betrunken.

„Los, geh in dein Zimmer“, sagte sie mit dieser friedlich freundlichen Stimme und strich sich eine Strähne ihrer blonden Haare aus der Stirn. „Ich habe Besuch, wie du siehst.“

Stumm stand ich auf und drängte mich an meiner Mutter und ihrem Besuch vorbei in den Flur. Eilig verdrückte ich mich in mein Zimmer und bemerkte im Vorübergehen, dass ich ein gutes Stück größer war als der kleine, schmächtige Mann, den meine Mutter da mitgebracht hatte.

Der Mann kam von da an jeden Tag. Sein Name war Per-Olaf und er hatte einen Schnurrbart und war still und nervös und tagsüber arbeitete er als Aushilfe in einer Schuhmacherei am Bahnhof. Das Beste an ihm war, dass er meine Mutter nicht schlug. Er war der erste Mann, der meine Mutter nicht schlug, aber dafür tat ich das jetzt. Nicht immer, nicht wie mein Vater oder der Vater meiner Schwester oder Adam. Ich schlug meine Mutter nur manchmal. Nur dann, wenn sie mich reizte oder zu viel trank oder wenn sie die Wohnung zu sehr verkommen ließ.

„Nicht, Patrick ...", sagte sie, wenn ich sie schubste oder ihr eine Ohrfeige gab. Aber sie schrie und weinte nicht und ich schlug niemals so heftig zu, wie es Adam getan hatte. Und sie sagte Per-Olaf nie etwas davon. Es blieb unter uns.

Übrigens war unser Balkon sehr trostlos, seit Adam tot war. Der Wind und der Regen und die Zeit zerstörten Adams kleines Glück zu einem verwitterten, kaputten, schmutzigen Haufen Mist. Manchmal tat es mir leid, wenn ich hinausschaute, aber meistens war es mir egal.

Der Sommer, der kam, war schrecklich heiß. Und um mich herum war ein ziemliches Durcheinander. Es fing damit an, dass ich Mia wieder sah. Die dünne, ernste Mia mit der komischen Augenfarbe, deren Vater Pfarrer in der Lukaskirche war. Fünf-, sechs-, siebenmal hintereinander traf ich sie. Einmal im Bus, ein paarmal im Stadtpark, einmal in einem Straßencafé und einmal im Schwimmbad, als ich mit

Noah dort war, um Mädchen anzuschauen, seine neueste Lieblingsbeschäftigung. Und jedes Mal saß Mia irgendwo und las in einem Buch.

„Machst du nichts außer Bücherlesen?", fragte ich sie eines Tages und hatte Herzklopfen.

Mia lächelte mir zu. Eine Antwort gab sie mir nicht, aber ich setzte mich schließlich trotzdem neben sie ins Gras, einfach so. Noah verdrehte die Augen und ging ins Wasser. Er hatte Mia jetzt schon ein paarmal gesehen, aber er fand, dass sie langweilig und nichtssagend aussah.

„Eine öde Braut", hatte er gesagt. „Kein Arsch und auch sonst stinklangweilig. Was willst du bloß mit der?"

Mia hatte ein paar Sommersprossen auf der Nase und ein schmales Gesicht. Ihre Zähne gefielen mir auch, sie waren so ordentlich und sehr weiß.

Wir redeten ein bisschen hin und her und fanden heraus, dass wir das gleiche Sternzeichen hatten.

„Wann hast du Geburtstag?", fragte Mia.

„Im März", sagte ich.

„Ich auch", sagte Mia, und dann stellten wir fest, dass sie nur vier Tage vor mir geboren worden ist.

Wir lächelten uns zu. Aber dann erzählte mir Mia, auf welches Gymnasium sie ging, und fragte mich nach meiner Schule. Ich schluckte. Ich konnte ihr doch nicht sagen, dass ich in die Hauptschule ging und im letzten Jahr sitzen geblieben war und dieses Jahr, so wie es aussah, ganz sicher auch wieder nicht versetzt werden würde. Überhaupt konnte ich ihr im Grunde gar nichts von mir erzählen. Von mir und meinem blöden Leben.

„Ich gehe aufs Albert-Schweitzer-Gymnasium", murmelte ich schließlich kraftlos und dann sagte ich schnell, dass ich jetzt gehen müsse. Eilig stolperte ich davon und hatte anschließend den ganzen Tag schlechte Laune.

8

Ich sagte Mia, dass mein Name Juli sei. Seit Adam tot war, nannte mich sonst niemand mehr so. Meine Schwester hatte mich auch Juli genannt, aber meine Schwester zählte ja nicht mehr. Auch in Adams Familie war ich Juli gewesen, aber Adams Familie hatte mich anscheinend endgültig vergessen.

Und meine Mutter sprach mich von sich aus überhaupt nicht an. Meinen Namen sagte sie nur, wenn wir uns stritten und sie mich so lange reizte, bis ich ihr eine langte. Dann sagte sie ihr *Nicht, Patrick* ... und dann schwieg sie wieder.

Mia. Mia. Mia ... schrieb ich in meinen PC.

Mia und Juli. Mia und Juli. Mia und Juli ... fügte ich nach einer kurzen Pause hinzu.

Nachts chattete ich im Internet und nannte mich *Mister July* und erzählte auf einer schweinischen Seite, was ich alles mit meiner Freundin *Sweet Mia* anstellte.

Diese Schreibereien erregten mich immer so sehr, dass ich hinterher die halbe Nacht nicht schlafen konnte.

Tagsüber war mir das, was ich da nachts schrieb, peinlich, und ich gab mir Mühe, nicht daran zu denken. Immer wieder nahm ich mir vor, nie mehr in diesen blöden Chat hineinzugehen und nie mehr solche Dinge über Mia zu schreiben.

Aber dann tat ich es doch wieder. Nachts, wenn ich mich frustriert und einsam fühlte.

Dann passierte das, was diesen Sommer so chaotisch machte. Es war kurz vor den großen Ferien und alles geriet aus den Fugen. Tagelang war es brütend heiß. Von morgens bis abends schien die Sonne. Es war sogar zu heiß, um schwül zu sein. Es gab kein Gewitter und keinen Regen, nicht einen Tropfen.

Ich war mal wieder lange nicht in der Schule gewesen, aber dann kam Herr Bernhard und machte Ärger.

„Patrick, so kann das nicht weitergehen“, sagte er und schaute mich gereizt an. Oder mitleidig? Oder besorgt? Sein Blick ging mir auf jeden Fall auf die Nerven und ich schlenderte durch das stickige, unordentliche Wohnzimmer und schaute über den Balkon hinweg hinaus in die flirrende Hitze, die dort in der Luft lag. Ich musste die Augen zusammenkneifen, so sehr blendete die Sonne. Hinter meinem Rücken redete Herr Bernhard weiter. Ich hörte seine Stimme dahinplätschern. Sie schien *bla bla bla bla bla bla* zu sagen. Nichts weiter.

Irgendwann ging er wieder und als ich drei weitere Tage nicht in der blöden Schule gewesen war, klingelte es morgens an unserer Tür. Draußen standen zwei Polizisten, die gekommen waren, um mich in die Schule zu fahren. Ich war fix und fertig vor Wut und Ärger. Erst direkt vor dem Schultor durfte ich aussteigen.

„Mach's gut, Junge“, sagte einer von ihnen, als ich wortlos und bis aufs Äußerste gereizt aus dem Wagen stieg. „Und mach dich morgen früh von selbst auf die Socken, okay? Verbaust dir doch sonst nur selbst dein Leben ...“

Seine Stimme klang nett. Ich hasste ihn dafür.

„Scheißbulle“, sagte ich wütend und schlug die Wagentür laut hinter mir zu.

Auf dem Schulhof waren die anderen. Malte und Wladimir standen neben der Schulbiotonne und schauten mir entgegen. Ihre Blicke waren so herablassend wie immer.

„Na, du Wichser ...“, sagte Malte und lächelte höhnisch. „Bringt man dich jetzt schon wie einen Schwerverbrecher in die Schule? Peinlich, peinlich, würde ich sagen ...“

Mehr konnte er nicht sagen, denn obwohl er ein ganzes Stück größer war als ich, schlug ich zum ersten Mal zu. Für all das, was er schon über mich gesagt hatte. Und über meine Mutter. Für die tausend herablassenden Blicke, die er mir zugeworfen hatte. Und weil er schon eine Freundin hatte im Gegensatz zu mir. Und weil er beliebter war als ich, warum auch immer.

Ich schlug und schlug und schlug und spürte den Wind, den meine Schläge um mich herum machten. Es war ein gutes Gefühl und Malte lag unter mir und schaffte es nicht, sich zu befreien.

Aber irgendwann war es vorbei. Lehrer zerrten an mir herum und dann wurde ich festgehalten. Ich schaute mich wild um. Es waren unser Sportlehrer und der Schulhausmeister, die mich festhielten. Ganz langsam kam ich wieder zu mir. Wie durch Nebel sah ich, dass sie Malte auf eine der Schulbänke hoben und sich über ihn beugten und ihm das Gesicht abwischten, und dann hörte ich eine Sirene und es kam ein Krankenwagen. Und dann kam unser Rektor und dann zum zweiten Mal an diesem Morgen die Polizei.

Am Abend war ich wieder zu Hause. Die Polizei hatte mich nach einem ausführlichen Gespräch auf dem Revier nach Hause gefahren. Ich grinste innerlich. Die Idioten in Uniform wurden zu wahren Chauffeuren für mich. Sie hatten mich nach oben begleitet und auf meine Mutter eingeredet. Und dann hatte mein Klassenlehrer angerufen. Und unser Rektor. Ich hatte sie auf unseren Anrufbeantworter reden lassen und den Blödsinn anschließend wieder gelöscht. Meine Mutter und ihr neuer Freund waren schon wieder irgendwo in der Stadt unterwegs. Nachts ging ich zu Noah. Wir schauten einen Horrorfilm und surften anschließend im Internet herum. Wir fanden eine Menge schweinische Seiten und wir tranken eine Menge Wodka-Orange dabei.

Eigentlich ging es mir so gut wie schon lange nicht mehr.

Malte hatte ein gebrochenes Nasenbein und ich bekam eine Woche Schulverweis. Mit dieser Neuigkeit kam Herr Bernhard am nächsten Nachmittag zu uns. Meine Mutter stellte den Fernseher ab, als er zur Tür hereinkam, und kochte sogar Kaffee für den blöden Schnüffler.

Ich saß in meinem Zimmer vor dem PC und schoss Moorhühner ab. Dazu hatte ich meine Stereoanlage aufgedreht. Irgendwann tippte mir Herr Bernhard auf die Schulter und gleich darauf langte er über meine Schulter und stellte meinen PC-Lautsprechern den Ton ab.

„He!", fauchte ich.

„Ich muss mit dir reden, Patrick", sagte er. Eine Sekunde später war auch meine Anlage aus.

„Verpiss dich, Alter", murmelte ich düster.

Aber der Mann war nicht aus der Ruhe zu bringen.

„Die Eltern deines Mitschülers haben natürlich Anzeige gegen dich erstattet", sagte er nur und lehnte sich gegen meinen Schrank. Ich lächelte vor mich hin, obwohl ich mich eigentlich eher schlecht fühlte plötzlich. Irgendwie nervös und ausgeliefert und schwach. Ärgerlich runzelte ich die Stirn und schaute den Moorhühnern beim stummen Herumflattern zu und schaltete meine Ohren auf Durchzug, während Herr Bernhard redete wie ein Wasserfall. Irgendwann ließ er mich endlich in Ruhe und verzog sich. Sofort begann ich, wieder Moorhühner zu erledigen.

Und in der Nacht beschrieb ich im Chat ausführlich, was ich gerade alles mit *Sweet Mia* angestellt hatte. Ich tippte lauter heftige Sexfantasien in meine Tastatur und meine Finger waren kalt und zitterten und ich stellte mir vor, das, was ich da schrieb, wirklich mit Mia zu tun ... Oder mit einem anderen Mädchen.

Ich fühlte mich cool und mies zur gleichen Zeit.

Aus irgendeinem Grund heulte ich hinterher.

Und das machte mich wieder wütend.

Wie von Sinnen schlug ich in mein Kissen. Dabei taten mir meine Hände noch weh von der Sache mit Malte.

Ein Jugendrichter verwarnte mich und verordnete mir zwanzig Stunden Arbeit im städtischen Tierheim. Alles wegen Maltes Nase. Ich war ziemlich gereizt.

„Geh da bloß nicht hin", sagte Noah, als ich ihm von der Sache erzählte. „Die lassen dich todsicher stundenlang Hundekacke aufputzen und Katzenpisse wegwischen ..."

Aber ich ging hin und ich musste überhaupt nicht putzen. Und zu den Katzen musste ich wegen meiner Allergie auch nicht. Stattdessen ließen sie mich mit den Hunden über die Felder am Stadtrand spazieren gehen und ich war wirklich gerne im Tierheim.

Es waren schon Sommerferien, als ich die zwanzig Sozialstunden hinter mich gebracht hatte.

Und außerdem war ich sitzen geblieben und ab jetzt Schüler der Justus-Liebig-Sonderschule ...

Keine zehn Pferde würden mich dort hineinbringen!

Jeder Tag wurde ein bisschen schlechter als der Tag davor. Zuerst kam der neue Freund meiner Mutter nicht mehr. Ich wusste nicht, warum, und es war mir eigentlich auch egal, aber meine Mutter besetzte von da an wieder unser Sofa und alles war wieder beim Alten. Leere Weinflaschen standen herum und zerdrückte Bierdosen und die Katze pinkelte auf den Teppich, weil ihr Katzenklo nicht geputzt wurde.

Ich spürte, wie ich immer gereizter wurde.

Und dann stand eines Tages meine Schwester vor der Tür.

„Was willst du denn hier?“, fragte meine Mutter vom Sofa aus und starrte Patrizia an.

„Kann ich wieder hier wohnen?“, fragte meine Schwester mit ihrer dünnen Stimme, die sie schon immer gehabt hatte. Aber sonst hatte sie sich verändert. Sie hatte jetzt einen Busen und Pickel auf der Stirn und sie war nicht mehr so dünn wie früher.

„Na, ich weiß nicht ...“, murmelte meine Mutter ratlos und ich hasste sie dafür. Warum fragte sie nicht, was passiert war? Ich fragte allerdings auch nicht. Ich stand einfach nur im Türrahmen und schaute die beiden an.

Und von da an war meine Schwester wieder da. Zusammen schafften wir ein bisschen Ordnung und Patrizia schlief seitdem im Schlafzimmer unserer Mutter im alten Bett, in dem früher unsere Mutter mit Adam geschlafen hatte. Nur wenn unsere Mutter ihre Migräneanfälle bekam und sich ins Schlafzimmer verzog, dann übernachtete Patrizia auf dem Wohnzimmersofa.

Sogar ihre alte Schlafente hatte sie wieder mitgebracht.

Immer, wenn ich den Ansatz von Patrizias Busen unter ihrem T-Shirt sah oder wenn ich im Internet surfte und mir Sexseiten anschaute, musste ich an Mia denken, ob ich wollte oder nicht.

Immer wieder ging ich zur Lukaskirche und schlenderte dort durch die Straßen, in denen wir damals der kleinen, alten Frau die erste Handtasche entwendet hatten. Aber Mia begegnete mir kein einziges Mal. Wahrscheinlich war sie verreist, schließlich waren immer noch Sommerferien.

Inzwischen beklauten wir nicht mehr nur sonntags alte Leute. Wir gingen auch auf den Zentralfriedhof und in den kleinen Park beim Kurhaus und in den Wald, in dem alte Leute ihre Hunde spazieren führten.

Wir hatten eine Menge Geld zur Verfügung und ich kaufte mir ein Mountainbike und einen neuen Discman.

Wir liefen durch den Sonnenschein, Noah und ich.

„Da vorne kommt endlich so ein blöder Tattergreis-Opa", sagte Noah und schaute sich vorsichtshalber sorgfältig nach allen Richtungen um. „Okay, die Luft ist rein", flüsterte er dann. Wir nickten uns zu und schlenderten langsam weiter. Ein kleiner Dackel mit altersgrauer Schnauze hoppelte uns entgegen und wedelte vergnügt mit seinem kleinen, borstigen Dackelschwanz.

„Na, du ...", sagte ich und lächelte ihn an.

„He, Alter, quatsch nicht mit dem Köter", sagte Noah streng und zog mich am Arm. „Wir haben hier einen Job zu erledigen ..."

Und dann folgte das, was inzwischen schon reine Routine war. Zuerst drehten wir unsere Baseballkappen so, dass unsere Gesichter durch die Schirme nicht so leicht zu erkennen waren, dann packten wir den alten Mann am Arm und drehten ihm den Arm nach hinten. Danach kam der kritische Moment: Würde der Opa seine Brieftasche dabeihaben? Ich griff in die Innentasche seiner altmodischen Jacke und tastete darin herum. Zuerst stießen meine Finger gegen ein zusammengeknülltes Tuch, wahrscheinlich ein Schnäuztuch, ich verzog das Gesicht, aber schon eine Sekunde später hatte ich gefunden, wonach ich suchte ...

„Hilfe!", schrie der alte Mann mit wackeliger Stimme. Er zitterte am ganzen Körper. „Zu Hilfe ..."

„Sei leise, Mann, dir passiert ja nichts ...", sagte Noah ungeduldig. Da schwieg der Mann.

Und dann verdrückten wir uns ins Unterholz. Der alte

Mann stand noch einen Augenblick stumm da, dann ging er langsam weiter. Zum Glück war er nicht hingefallen. Alte Frauen fielen so oft hin, das machte mich immer ein bisschen nervös.

Unter einer schönen, sehr hohen Eiche untersuchten wir unsere Beute.

„Fast sechzig Euro und Kleingeld", sagte Noah und warf die leere Brieftasche in hohem Bogen ins Dickicht.

„Nicht schlecht", sagte ich.

„Reicht aber noch nicht", sagte Noah.

„Warum nicht?", fragte ich.

„Habe Schulden bei einem Kumpel", erklärte Noah.

Und dann stapften wir quer durch ein großes Stück Wald und suchten in der Nähe des Steinbruchs nach einem zweiten Opfer.

„Okay, eine Uroma diesmal ...", flüsterte Noah zufrieden.

Wir schauten uns um und gingen der alten Frau dann gemächlich entgegen.

Und wie ich es vorhergesagt hatte, fiel die Frau hin, während sie ängstlich aufschrie.

Aber etwas anderes hatte ich nicht vorhergesehen. Denn plötzlich waren da diese zwei Waldarbeiter, die zwischen ein paar dicht stehenden Bäumen hervorkamen.

„Scheiße, Patrick, lauf!", rief Noah und rannte los. Aber ich konnte nicht laufen, denn die beiden Männer hielten mich fest, so wie mich vor ein paar Wochen unser Sportlehrer und der Schulhausmeister festgehalten hatten.

„Verdammt ...", murmelte ich, als ich nicht freikam. Dabei schlug ich wild um mich.

Zwei Stunden später saß ich in einer Arrestzelle und starrte wütend auf eine schmutzig gelbe Wand, von der an Hunderten von Stellen der Putz abbröckelte und so bizarre Muster bildete.

Lasst mich hier raus – verdammt!!!, hatte jemand mitten in dieses Bröckelmuster hineingeritzt. Womit auch immer.

„Name?"

„Patrick. Patrick Caspari ..."

„Alter?"

„Fünfzehn."

„Name der Eltern?"

Ich nannte den Namen meiner Mutter.

„Und dein Vater?"

„Hab keinen", murmelte ich.

Als Nächstes nahmen sie meine Fingerabdrücke und machten drei Fotos von meinem Gesicht. Ich spürte, dass ich grinste. Komisch, eigentlich war ich ziemlich gestresst, aber trotzdem musste ich grinsen, warum auch immer.

„Dir wird die gute Laune schon noch vergehen, das schwöre ich dir", sagte ein uniformierter Beamter und schaute mich abschätzig an.

Ich gab ihm keine Antwort. Stattdessen horchte ich plötzlich beunruhigt in mich hinein. In meinem Bauch rumorte es merkwürdig. Es war ein Gefühl, das ich schon lange nicht mehr gehabt hatte. Es fühlte sich an, als würde ich im nächsten Moment die große Scheißerei kriegen. Panik überrollte mich. Was um alles in der Welt würde passieren, wenn ich mir hier in die Hosen machte? Ich fing an zu schwitzen und riss mich, so gut es ging, zusammen. Es musste einfach gehen, es musste.

Unter Hochspannung wankte ich, angetrieben von einem neuen Beamten, in einen kleinen Raum, in dem noch ein paar andere Männer standen.

„Stell dich mal da hin", sagte der Polizist kurz angebunden und schob mich zwischen zwei junge Kerle. Alle trugen, wie ich, eine Baseballkappe auf dem Kopf.

Dann musste ich stumm geradeaus zu einem dunklen Fenster schauen und gleich darauf durfte ich zurück in das Büro, in dem ich schon vorher gesessen hatte.

Das Rumoren in meinem Bauch kam und ging.

„Du bist zweimal erkannt worden“, sagte der Polizist und schaute mich mit gerunzelter Stirn an.

Ich schwieg.

„Hast du das heute zum ersten Mal gemacht? Oder bist du schon Profi darin, alte, wehrlose Menschen zu überfallen und auszurauben?“

Ich schwieg weiter.

„Antworte mir gefälligst!“, schnauzte mich der Polizist plötzlich an.

„Zum ersten Mal ...“, murmelte ich widerwillig.

Der Polizist schaute mich mit zusammengekniffenen Augen misstrauisch an. „Hoffentlich ist das die Wahrheit“, sagte er und dann drehte er sich um, weil die Tür aufgegangen war und ein anderer Beamter ihm etwas hereinreichte.

Ich zuckte zusammen, weil ich sofort erkannte, was das war. Es war die Akte, die Herr Bernhard immer dabeihatte, wenn er uns besuchte. Die Akte mit meinem Namen darauf.

Der Polizist seufzte und klappte sie auf. Wahllos blätterte er ein paar Seiten um und überflog, was dort stand.

Irgendwann schaute er mich wieder an.

„Solche Überfälle auf alte Menschen sind in den letzten Monaten nämlich schon ein paarmal vorgekommen“, erklärte er und schaute mit seinen Augen in meine Augen. Ärgerlich sah ich zur Seite.

„Wer war denn der andere Junge, der da mit dir im Wald unterwegs war?“

Ich dachte an Noah, der es geschafft hatte abzuhauen und der jetzt gemütlich zu Hause vor dem Fernseher abhängen konnte.

„Besser, du bist kooperativ“, sagte ein zweiter Polizist, der bisher geschwiegen hatte.

Ich schaute weiter stumm auf den Boden. Wie schmutzig er war.

„Warum solltest du alleine für die Sache geradestehen?“, bohrte der Polizist und ich hörte, wie er einen Kühlschrank öffnete, eine Flasche herausnahm und aufdrehte, etwas in ein Glas einschenkte und vor mich auf den grauen Tisch stellte.

„Da, eine Cola. Du hast doch bestimmt Durst ...“

Ich schaute hoch. Der Polizist lächelte mich freundlich an. Komisch, so freundlich hatte mich schon lange keiner mehr angeschaut. Plötzlich hatte ich das Gefühl, gleich heulen zu müssen.

„Vielleicht hat dich ja sogar dein Kumpel zu diesem Blödsinn angestiftet“, sagte der Beamte dann und nahm sich ebenfalls eine Cola. „Da wärst du doch schön blöd, jetzt alles alleine auf deine Kappe zu nehmen.“

Ich spürte Schweiß auf meinem Rücken, mein T-Shirt klebte feucht an meinen Schulterblättern. Aber gleichzeitig fror ich auch. Am liebsten hätte ich meinen Kopf auf den Tisch gelegt und wäre eingeschlafen. Aber das ging natürlich nicht. Und darum riss ich mich zusammen und nannte schnell Noahs Name und seine Anschrift.

„Na also, geht doch ...“, sagte der Polizist, der mich so freundlich angelächelt hatte. Er nickte dem anderen Polizisten knapp zu und ging aus dem Raum. Nach mir drehte er sich nicht mehr um.

Ich spürte meinen Herzschlag im ganzen Körper und fühlte mich krank. Meine Cola ließ ich stehen.

„Darf ich mal aufs Klo?“, fragte ich irgendwann verzweifelt, als ich es nicht mehr aushielt. Ich schämte mich so, dass ich den Polizisten, dem ich diese peinliche Frage stellen musste, am liebsten zusammengehauen hätte. Zum Glück klang meine Stimme kein bisschen verzweifelt, sondern nur gereizt und wütend, so wie ich wollte, dass sie klingen sollte.

„Natürlich", antwortete der Polizist und gab einem Kollegen einen Wink.

Und dann führten sie mich auf eine Toilette. Mit rotem Kopf stolperte ich zur Toilettenschüssel und zog mir hastig die Jeans herunter. Die Kabine hatte keine Tür. Und die Polizisten blieben tatsächlich die ganze Zeit direkt vor mir stehen und drehten sich nicht mal zur Seite.

Ich hätte alles kurz und klein schlagen können vor Scham.

9

Dann brach alles zusammen. Alles. Denn sie ließen mich nicht gehen.

„Ich will nach Hause“, sagte ich böse und biss die Zähne zusammen. Ich saß immer noch in diesem engen, schmuddeligen Verhörraum und starrte zum Fenster. Auf dem Fensterbrett stand eine halb verdorrte Pflanze mit staubigen Blättern.

„Wir werden sehen“, sagte der Beamte. „Willst du ein paar Cracker?“

Ich schüttelte den Kopf. Eine Weile später ging erneut die Bürotür auf und plötzlich stand Herr Bernhard vor mir.

„Hallo, Patrick“, sagte er und schaute mich an.

Ich sagte nichts.

Und dann kam der Hammer.

„Patrick, ich habe eben ein langes Gespräch mit deiner Mutter geführt.“

Er hielt einen Moment inne und zog dann einen Stuhl heran. Erst nachdem er sich gesetzt hatte, redete er weiter. Diesmal erreichten mich seine Worte. Und sie erreichten mich nicht nur, sie schlugen wie Bomben in meinem Kopf ein.

Meine Mutter fühle sich mit mir überfordert.

Meine Mutter habe Angst vor mir.

Ich hätte sie mehrfach tätlich angegriffen.

Ich hätte Haushaltsgeld gestohlen.

Meiner Mutter wäre es recht, wenn ich erst einmal woanders untergebracht werden könnte.

Ich saß wie erstarrt da und konnte es nicht glauben. Am liebsten wollte ich aufspringen und brüllen und das ganze verdammte Büro, in dem ich seit Stunden herumsitzen musste, zerschlagen. Ich wollte alles zertrümmern und dem Polizisten mit dem schmalen Mund, der mich vorhin vernommen und eben Herrn Bernhards Worten gelauscht hatte, die Fresse polieren.

Ich spürte, dass meine Hände zuckten und zitterten.

In meinen zusammengekniffenen Augen brannte es.

„Die alte Scheißschlampe ...", sagte eine leise, hasserfüllte, wackelige Stimme. Es war meine Stimme. Ich kochte vor Wut. Und immer noch brannten meine verdammten Augen. Was war nur los mit mir?

„Elf Anzeigen wegen Raub und tätlichem Übergriff liegen inzwischen gegen dich und deinen Freund Noah Schmidt vor", sagte Herr Bernhard mit gerunzelter Stirn. „Eure Opfer haben euch anhand der erkennungsdienstlichen Fotografien wieder erkannt, die ihnen die Polizei heute Nachmittag zur Überprüfung vorgelegt hat. Mensch, Patrick, keines der Opfer ist unter siebzig ..."

Ich schwieg, weil sich in meinem Kopf immer noch alles drehte. *Meine Mutter schob mich ab. Wie Müll schmiss sie mich fort. Ich war ihr egal. Wahrscheinlich war sie froh, einen Grund gefunden zu haben, mich endlich loszuwerden ...*

Draußen wurde es schon dämmrig, als ich endlich gehen durfte. Stumm schlurfte ich neben Herrn Bernhard über den Hof des Polizeipräsidiums. Ich hörte ein paar Vögel zwitschern und Autos vorbeifahren. Der Himmel hatte eine verrückte orange-lila Abendfarbe. Die Sonne ging gerade unter.

„Das war wirklich Mist, Patrick", sagte Herr Bernhard und dann stieg ich in sein Auto und fuhr irgendwohin.

Sankt-Vinzenz-Heim stand auf einem grauen Schild neben dem hässlichen Haus.

„So, da wären wir", sagte Herr Bernhard und stieg aus.

„Guten Abend, Patrick", sagte ein fremder Mann, der uns

im zweiten Stock des hässlichen Hauses empfing. „Ich bin Herr Domejko und du wirst ab heute für eine Weile in meiner Wohngruppe wohnen."

Auf dem Treppenflur roch es nach Zigarettenqualm und Desinfektionsmittel. Herr Domejko schob mich durch eine Tür und Herr Bernhard blieb zurück.

Hinter der Tür roch es noch schlimmer nach Zigaretten. Laute Musik schlug uns entgegen.

Herr Domejko klopfte gegen eine Tür. „Dreh leiser, Jonathan!"

Die Musik wurde eine Spur leiser.

„Dort drin wohnen Jonathan und Serkan", erklärte mir Herr Domejko, der einen Bart und lockige, wirre Haare hatte und eine zu groß geratene Brille trug.

„Und hier wohnt Lino. Du wirst in der nächsten Zeit das Zimmer mit ihm teilen ..."

Er schob mich in das Zimmer.

Ein Junge schaute uns entgegen.

„He, was soll das?", fragte er unfreundlich und der Heimleiter erklärte ihm, wer ich war.

„Schöne Scheiße ...", murmelte Lino und drehte sich auf seinem Bett zur Wand.

Dann waren wir alleine. Ich fühlte mich hundeelend. Wo Noah wohl in diesem Moment war? Bestimmt war er längst zu Hause, seine Mutter hatte ihn ganz sicher nicht rausgeworfen.

Ich konnte die ganze Nacht nicht schlafen. Mir war schlecht und ich befürchtete dauernd, mich übergeben zu müssen. Ich schwitzte wie verrückt, es war eine heiße Nacht und in dem kleinen Zimmer schien die Luft stillzustehen. Der fremde Junge im anderen Bett sprach kein Wort mit mir, aber mitten in der Nacht konnte ich ihm dabei zuhören, wie er sich selbst befriedigte. Starr lag ich auf dem Rücken im Bett, in meiner Skaterhose und dem durchgeschwitzten T-Shirt, das ich schon den ganzen Tag trug, und hatte die Arme hinter dem Kopf verschränkt. Ich stellte mich schlafend, aber Tatsache war, dass ich die ganze Nacht kein Auge zumachte.

Ich musste in die Schule. Die Sommerferien waren vorbei und ich wohnte im Sankt-Vinzenz-Heim und jeden Morgen fuhr mich ein Schülerbus des Heimes in die Sonderschule.

Meine Mutter und Patrizia hatten nichts von sich hören lassen, nur Herr Bernhard war dreimal da gewesen und hatte mir meine Anziehsachen und meine Anlage mitgebracht.

Lino, mit dem ich gezwungenermaßen das Zimmer teilte, ging in dieselbe Klasse wie ich. Im Heimbus, am ersten Schultag, hatten wir uns, wie an den Tagen vorher, nicht angeschaut, aber als klar wurde, dass wir zusammen in eine Klasse gehen würden, lächelte Lino mir kurz zu. Ich lächelte nicht zurück. Im Heim hatte Lino in den paar Tagen, die ich da war, schon eine Menge Mist über mich verbreitet.

„Der hat ja voll das Milchbubigesicht", hatte er den anderen gesagt.

„Der ist bestimmt schwul", hatte er gesagt.

„Er wichst jede Nacht ein paarmal. Immer hör ich ihn rumstöhnen ...", hatte er gesagt.

Nein, ich hatte keine Lust, mich mit Lino anzufreunden.

„Schreibt auf, wie ihr heißt, was für Interessen ihr habt und welche Menschen zu eurem Leben gehören", sagte unsere neue Klassenlehrerin. Wir waren nur zwölf Schüler.

Ich starrte auf das leere Blatt Papier, das Frau Alban vor mich hingelegt hatte.

„Was für ein Blödsinn", sagte Lino und zerknüllte sein

Blatt. Plötzlich hatte ich Herzklopfen. Natürlich würde ich auch nichts schreiben, das war klar. Aber selbst wenn ich etwas geschrieben hätte, was wäre es gewesen?

Mein Name, okay.

Aber was für Interessen hatte ich? Mia, natürlich. Aber das konnte ich unmöglich schreiben ...

Sex interessierte mich auch. Aber das konnte ich genauso wenig aufschreiben.

Ich starrte aus dem Fenster auf den asphaltierten grauen Hof. Das war es: Mich interessierte gar nichts!

Und was war mit den Menschen, die zu meinem Leben gehörten? Meine Mutter? Patrizia? Wen gab es noch? Adam war tot. Meinen Vater kannte ich nicht einmal. Mia gehörte, wenn ich ehrlich war, nicht die Bohne zu meinem Leben. Noah war ebenfalls verschwunden.

Und sonst gab es niemanden ...

„So ein Blödsinn", sagte ich verächtlich, fegte den Zettel vom Tisch und stapfte nach draußen.

An diesem Tag fiel mir zum ersten Mal auf, dass ich gar nicht geweint hatte, als Adam starb.

Und dann wurden Lino und ich doch Freunde.

Weil ich es alleine nicht mehr aushielt.

Weil ich jemanden brauchte.

Und er war so allein wie ich.

Er war unten.

Und ich war unten.

Wir waren zusammen wütend.

Im Heim war Alkohol verboten.

Aber das war uns egal.

Wir tranken trotzdem.

Und wir kifften.

Wir waren leise und vorsichtig, damit sie uns nicht erwischten.

Zusammen trieben wir uns in der Innenstadt herum.

Zusammen trafen wir Noah.

„Du Verräter“, sagte Noah.

„He ...“, sagte ich.

„Ich hätte dich, wenn es andersherum gelaufen wäre, nicht verpfiffen ...“, sagte Noah.

Da gab Lino Noah einen warnenden Stoß.

Noah fiel nach hinten aufs Pflaster.

„Verpiss dich bloß, du Penner“, sagte Lino.

Und dann trat er nach Noah, der jetzt mein Feind war.

Wir fühlten uns wie Könige.

Einmal, als wir betrunken waren, erzählte Lino mir von seinem Zuhause, das er hasste. Es war fast ein bisschen wie damals, als ich Noah von meinem Leben erzählt hatte.

Lino heulte und ich saß neben ihm und reichte ihm ein Taschentuch, damit er sich die Nase putzen konnte.

Wir schauten zusammen Pornoheftchen an.

Wir redeten über Sex.

Lino erzählte mir von dem Mädchen, in das er verknallt war.

Ich erzählte ihm von Mia.

Es war Wochenende.

Herr Domejko war verreist.

Sein Vertreter war ein nervöser Wichtigtuer. Ich hatte mir nicht mal seinen Namen gemerkt.

Lino und ich schlichen uns aus dem blöden Heim.

Wir trieben uns in der Stadt herum.

Wir gingen in einen Jugendclub, den Lino kannte.

Und dort trafen wir Annabelle.

Plötzlich wusste ich auch ihren Namen wieder.

Annabelle war Josefas und Tomas’ Tochter.

Also war sie Adams Nichte.
Sie war mit Freundinnen da.
„Hallo, Juli“, sagte sie.
„Hallo, Annabelle“, sagte ich und schaute sie an. Lino schaute sie auch an.
Es war gerammelt voll im Jugendclub.
Es roch nach Schweiß und Deo und Zigaretten.
Die Musik war so laut, dass sie einem in den Bauch fuhr.
Plötzlich war ich mit Lino und Annabelle alleine.
Plötzlich waren wir unten im dunklen Keller.
„Lass das, Juli“, schnauzte mich Annabelle an.
Komisch, ein Mädchen anzufassen.
„Juli!“, schrie Annabelle.
Aber ich konnte sie nicht loslassen.
Zu viel Alkohol im Blut und zu viel Wahnsinn im Kopf.
Und ich war so erregt.
Ich wollte sie doch bloß mal anfassen.
Der Knopf ihrer Jeans.
Der Reißverschluss ihrer Jeans.
Ich fühlte die weiche Haut ihres Bauches.
In meinem Kopf drehte sich alles.
Wie gut sie roch.
Mia fühlte sich bestimmt ähnlich an.
Mia. Annabelle. Annabelle. Mia ...
Der Boden im Keller war kalt.
„Au ...“, wimmerte Annabelle.
„Lass sie nicht los!“, rief Lino.
Plötzlich wurde es hell um uns herum.
„Verdammt, das gibt es doch nicht!“, rief ein Mann und packte mich am Arm.
Warum immer mich? Aus den Augenwinkeln sah ich, wie Lino die Treppe hinaufrannte. Gerade noch rechtzeitig, denn im nächsten Moment waren überall Menschen.

Ein Mann, den ich nie zuvor im Leben gesehen hatte, presste mich gegen die kalte Kellerwand. Eine Frau war auf einmal auch da und sie hatte ihren Arm um Annabelle gelegt und streichelte ihr Gesicht. Es war blass und voller Tränen. Ich hörte Annabelle leise schluchzen.

„Es ist doch gar nichts passiert", fauchte ich gereizt wie ein Stier. Aber der Mann hielt mich trotzdem fest. So wie der Sportlehrer an meiner alten Schule. Und wie die Waldarbeiter damals. Warum hielt mich dauernd jemand fest? Ich gehörte nur mir selbst. Keiner hatte das Recht, mich auf diese Weise festzuhalten.

„Lass mich los, du Scheißkerl!", brüllte ich darum und schlug wie von Sinnen um mich. Der Mann taumelte überrumpelt zur Seite und ich rannte los.

Rannte hinaus, rannte ins Freie.

Wo um alles in der Welt war Lino?

Ich konnte ihn nirgends entdecken und darum rannte ich alleine fort. Mitten in die Nacht hinein. Ich rannte und rannte und rannte, obwohl mein Kopf völlig vernebelt war.

Irgendwann war ich in einer Straße, die mir bekannt vorkam. Verwirrt und atemlos blieb ich stehen und schaute mit zusammengekniffenen Augen an dem Haus hoch, vor dem ich stand.

Es war das Haus, in dem ich eigentlich wohnte. Es war das Haus, in das ich eigentlich gehörte.

Ich war zu Hause.

Wütend drückte ich auf die Klingel, einmal, zweimal, dreimal, viermal ...

Ich klingelte wie verrückt. Endlich summte der Drücker.

„Was willst du denn hier, mitten in der Nacht?", fragte meine Mutter verschlafen, als ich taumelnd vor ihr stand und um Luft und Fassung rang.

„Lass mich in Ruhe, du blöde Kuh", sagte ich böse und

drängte mich an ihr vorbei in die Wohnung. Meine Schwester war ebenfalls wach geworden. Ängstlich schaute sie aus meinem Zimmer. Na klar, das war früher auch ihr Zimmer gewesen, nur ihr Bett gab es schon lange nicht mehr. Anscheinend schlief sie jetzt in meinem Bett.

Ich lächelte ihr zu und wankte dann ins Wohnzimmer. Wie ein Stein fiel ich auf das alte, durchgelegene Sofa und zog mir die muffige Polyesterdecke meiner Mutter über das Gesicht.

Was hatte ich nur getan?

War ich wahnsinnig, oder was?

Was hatte ich da bloß angerichtet?

Verzweifelt drehte ich mich auf die Seite und versank in einem unruhigen, scheußlichen Schlaf.

Ich hasste mich von Kopf bis Fuß.

10

Gar nichts hatte ich angerichtet, verdammt.

Aber sie kamen mich trotzdem holen. Gleich am nächsten Morgen. Es roch nach dem kommenden Herbst, als sie mich aus dem Haus holten und mitnahmen. Die Luft war kalt und klar und der Wind wehte mir ins Gesicht, während ich zwischen den beiden uniformierten Polizeibeamten aus dem Haus ging.

Tomas und Josefa hatten mich angezeigt.

„Du bist ein Stück Dreck, weiter nichts", sagte Tomas, als wir uns an diesem Morgen auf der Polizeiwache wieder sahen.

Er sah böse aus, böse und aufgeregt, seine Hände zitterten, ich sah es genau. Auch Josefa musterte mich mit vorwurfsvollen roten Augen. Hatte sie etwa geweint? Ich schaute schnell zur Seite.

Wie gerne ich früher bei ihnen gewesen war. Ich sah es immer noch deutlich vor mir, wie wir alle um den langen Tisch gesessen hatten. Mit Annabelle und den kleinen Zwillingen. Und mit Nikos und Bärbel und Pablo.

Und mit Adam, der Gitarre gespielt und gesungen hatte.

Aber das war alles vorbei. Dieses Leben gab es nicht mehr. Ich war jetzt alleine. Ich hatte höchstens noch Lino, diesen Idioten, den ich eigentlich gar nicht mochte, aber irgendwie doch mochte.

Tomas spuckte mir vor die Füße.

„Na, na, na", sagte ein Polizist.

Tomas beachtete ihn nicht.

„Eigentlich müsste man dich aufschlitzen", sagte er leise zu mir. „Und bis vor ein paar Jahren hätte ich das auch getan! Keiner hätte es überlebt, ein Mädchen aus meiner Familie anzurühren ..."

„Tomas!“, sagte Josefa nervös. „Hör auf, bitte ...“

„Aber ich will nicht im Knast enden, so wie Adam, dieser Trottel. So dumm bin ich nicht!“, fuhr Tomas wütend fort und spuckte ein zweites Mal vor mir aus. „Besser, *du* gehst ins Gefängnis, du kleiner, schmutziger Mistkerl ...“

„Nun ist aber Schluss!“, sagte der Polizist streng.

Ich sah aus den Augenwinkeln, wie Josefa sich bückte und die Spucke mit einem Taschentuch aufwischte.

Danach gingen die beiden und ich sah sie nie mehr wieder, bis heute nicht.

Draußen hatte es angefangen zu regnen, dünne Regentropfen prasselten gegen die Fensterscheibe und liefen in nassen, wackeligen Streifen daran hinunter. Fast sahen sie aus wie Tränen. Wie hypnotisiert starrte ich darauf, so lange, bis die Beamten mich am Arm rüttelten und mich zwangen, etwas über das zu sagen, was in der vergangenen Nacht geschehen war.

„Es ist überhaupt nichts passiert“, murmelte ich ärgerlich. „Ich habe nichts gemacht.“

Aber niemand hörte mir richtig zu.

Annabelle hatte blaue Flecken, sagte man mir.

Annabelles Hose war geöffnet gewesen, sagte man mir.

Annabelle hatte am Boden gelegen, sagte man mir.

Annabelle hatte stundenlang geweint und ein Arzt hatte ihr eine Beruhigungsspritze geben müssen. Auch das sagte man mir.

„Ach Scheiße ...“, murmelte ich irgendwann und dann schafften sie mich für vier Wochen in eine Jugendarrestanstalt in der Nachbarstadt.

„Da hast du Zeit, über alles nachzudenken“, sagte der Richter zu mir. Ich schaute ihn nicht an. Ich schaute überhaupt niemanden an, als ich vor dem Jugendrichter stand.

Ich tat gar nichts.

Wie aus weiter Ferne bekam ich mit, dass Herr Bernhard kam und ging. Nach ihm kam und ging Herr Domejko aus dem Jugendheim. Und sogar Lino musste als Zeuge aussagen und es stellte sich heraus, dass er nichts getan hatte.

Nur ich hatte etwas getan. Lino war bloß dabei gewesen.

Gereizt saß ich da und stellte meine Ohren auf Durchzug.

Annabelle tauchte nicht auf an diesem Gerichtsvormittag. Der Richter hatte bereits hinter verschlossenen Türen mit ihr gesprochen.

Draußen gewitterte es und ich wünschte mir ein anderes Leben als dieses, in dem alles immer falsch lief.

Die Arrestanstalt sah schöner aus als das Sankt-Vinzenz-Heim. Es war ein altes rotes Backsteinhaus mit zwei kleinen Türmen an den beiden Giebelseiten. Wie hypnotisiert starrte ich dorthin, während der Polizeitransporter langsam die Einfahrt hinauffuhr.

„Da oben nisten im Frühling Störche", sagte der junge Polizist, der die Fahrt über neben mir gesessen hatte und der meinem Blick gefolgt war. Er sagte es ganz freundlich, fast ein bisschen so, wie Adam früher mit mir geredet hatte.

Für einen Moment schaute ich ihn an. Für einen Moment fühlte ich mich wie früher. Aber dann waren wir da und ich musste aussteigen.

„Mach's gut", sagte der Polizist.

Ich gab darauf keine Antwort und dann wurde ich in das alte Backsteinhaus gebracht, auf dessen Türmen im Frühling Störche nisteten.

„Scheiße, sie stecken dich tatsächlich vier Wochen in den Knast?", hatte Lino im Heim zu mir gesagt, am letzten Wochenende nach der Gerichtsverhandlung. „Nur weil du mit der Kleinen ein bisschen rumgeknutscht hast?"

„Es ist kein Knast", hatte Herr Domejko an meiner Stelle geantwortet. „Es ist eine JAA, eine Jugendarrestanstalt. Keine JVA."

„JAA oder JVA, was für ein Schwachsinn", hatte Lino gesagt. „Knast ist Knast, verdammt!"

Nervös schaute ich mich um. Ich musste an Adam denken, der mir vorgelogen hatte, er fahre nach Paris und steige auf den Eiffelturm, um mitten im Himmel zu stehen und sich wie ein König zu fühlen, wenn er mal wieder ins Gefängnis geschafft worden war ...

„Na, dann komm mal mit mir, mein Freund", sagte ein uniformierter Mann zu mir und nickte mir knapp zu. Stumm ging ich hinter ihm her. Unser Weg endete in einem kleinen, ungemütlichen Raum, in dem ich mich ausziehen musste.

„Was soll das?", fragte ich und meine Stimme klang eigenartig. Fast so dünn wie die meiner Schwester. Wütend starrte ich vor mich hin.

„Wir wollen sichergehen, dass du hier keinen Mist einschmuggelst", sagte ein anderer Beamter. „Beug dich mal vor ..."

Widerstrebend stützte ich mich gegen die schmutzig graue Wand. Gleich darauf spürte ich, wie meine Boxershorts nach unten gezogen wurden und mir jemand die Pobacken auseinander zog. Es ging ganz schnell, aber ich zuckte trotzdem zusammen vor Entsetzen.

„Okay, du kannst dich wieder anziehen", sagte der Beamte. So schnell wie noch nie in meinem Leben zog ich meine Hose und mein Sweatshirt an. Dann konnte ich zusehen, wie der Mann meinen Rucksack durchsuchte. Er öffnete sogar mein Portemonnaie und holte mein Geld heraus.

„He ...“, sagte ich böse.

„Bekommst du wieder, wenn du heimfährst“, sagte der Mann. Ich bekam die Hausordnung der Arrestanstalt ausgehändigt und dann brachte man mich auf mein Zimmer.

Ich war fix und fertig und wollte endlich alleine sein. Wortlos stolperte ich hinter dem uniformierten Mann her, der mich schon unten am Eingang abgeholt hatte.

Das Zimmer, in das man mich brachte, war klein und still und fast leer. Ein schmales Bett stand darin und ein Tisch mit altmodischen, schrägen Tischbeinen und einem Plastikstuhl davor und ein schmaler Spind für meine persönlichen Sachen. Stumm stand ich da und schaute mir das alles an. Vor dem kleinen Fenster waren keine Gitter, nur eine Kette und ein Schloss.

Und hinten an der Wand war hinter einem kleinen Mauervorsprung eine Toilette. Die Wände waren hellbraun mit abwaschbarer Farbe gestrichen.

„Da wären wir“, sagte der Beamte. „Sieht schlimmer aus, als es ist.“

Er lächelte mir zu. „Um halb sechs wird geweckt, dann geht es zum Duschen und Zähneputzen in den Waschraum, danach gibt es Frühstück, anschließend hast du Schule. Mittagessen gibt es auf den Zimmern, danach ist sechzig Minuten Freigang auf dem Hof. Nachmittags wirst du dich irgendwo nützlich machen, die JAA-Leitung wird dich einteilen. Bis siebzehn Uhr sind die Zimmer dann offen, danach gibt es Abendessen und um achtzehn Uhr ist Einschluss. Vorher hast du noch zehn Minuten Zeit für den Waschraum, aber um achtzehn Uhr ist definitiv Schluss.“

Der Mann seufzte. „Hast du irgendwelche Fragen?“

Ich schüttelte den Kopf und spürte, dass gleich etwas passieren würde. Meine Beine fühlten sich plötzlich bleischwer an und in meinem Kopf drehte sich alles. Und als der Beamte die Tür endlich hinter sich zuzog, war es so weit. Ich lehnte meinen dröhnenden Kopf gegen das verriegelte Fenster und fing an, zu heulen wie verrückt.

Aber es wurde nicht schlimm, überhaupt nicht. Im Hof stand ein großer Ahornbaum und seine Blätter waren so strahlend und bunt und glänzend, als habe sie jemand mit bunten Wasserfarben angemalt. Fast jeden Tag schien die Sonne, aber der Wind war eisig. Eiskalt fegte er einem ins Gesicht und in die Anziehsachen, wenn man im Hof herumlief. Und das mussten wir tun, wenn wir mittags unsere Hoffreistunde hatten. Wir durften reden und rauchen, aber wir durften nicht herumstehen. Wie Zirkuspferde mussten wir im Kreis herumlaufen.

„Ich war früher schon mal hier", sagte mir Mohammed und blies Rauchringe in die Luft. „Da durften wir im Hof noch richtig gemütlich abhängen. Aber weil es dauernd Zoff gab, haben sie sich jetzt diese Rumrennerei ausgedacht. Ein schöner Scheiß, echt ..."

Aber mir machte das Laufen nichts aus. Ich schlenderte neben Mohammed her und fand es hier hundertmal besser als in unserer schmuddeligen Wohnung mit meiner weinerlichen, trinkenden Mutter. Und es war auch besser als im Vinzenz-Heim, wo es überall nach Zigarettenqualm roch und wo man nur stundenlang im Gemeinschaftsraum vor dem Fernseher hockte.

Auch die Abende und die Nächte waren in Ordnung. Zuerst hatte ich Angst vor dem Alleinsein gehabt, aber dann hatte ich Mohammed kennengelernt, der in dem Zimmer neben mir saß und jede Nacht fast verrückt wurde von der Einsamkeit und der Stille. Ich konnte ihn schimpfen hören, die halbe Nacht. Manchmal schluchzte er auch laut auf.

In der dritten Nacht rief ich durch mein Fenster nach ihm.

„He, Mohammed ..."
„Was ist?"
„Was ist los mit dir?"
„Nichts weiter. Ich werde bloß verrückt ..."
„Warum?
„Ich weiß nicht. Ich will heim. Obwohl es zu Hause beknackt ist. Mein Vater ist tot und meine Mutter hat einen neuen Mann und ein neues Kind und der neue Mann kann mich nicht leiden ..."

Dann mussten wir aufhören zu reden, weil ein paar andere durch ihre Fenster riefen, wir sollten endlich die Klappe halten.

Aber wir redeten trotzdem jede Nacht eine Weile.

Und nachmittags nach den Schulstunden machten wir zusammen Gartenarbeit. Wir jäteten Unkraut, schnitten Büsche und Sträucher zurück und gruben Erdstücke um. Einmal gruben wir einen abgestorbenen Baumstumpf aus und es war eine Heidenarbeit.

„Warum bist du hier?", fragte ich Mohammed, der siebzehn war.

„Wohnungseinbruch", antwortete Mohammed achselzuckend. „Und du?"

Ich dachte für einen Moment an Annabelle.

„Auch Wohnungseinbruch", sagte ich dann schnell. Was hätte ich sonst sagen sollen? Etwa *Ich habe versucht, ein Mädchen zu vergewaltigen*? Mir wurde schwindelig vor Nervosität, wenn ich daran dachte, was in dieser blödsinnigen Nacht im Keller des Jugendclubs passiert war. Obwohl ich so viel getrunken hatte, konnte ich mich an jede Einzelheit erinnern. Ich hatte Annabelle auf den Mund geküsst, ich hatte meine Hand unter ihr T-Shirt geschoben, ich hatte ihren Busen angefasst, ich hatte ihre Hose geöffnet und sie war hingefallen. Immerzu hatte sie „Nein, Juli, nein!" geflüstert und das hatte mich fast verrückt gemacht. Ich hatte deswegen meine Hand auf ihren Mund gepresst, aber dann doch wieder losgelassen. Ich war schrecklich erregt gewesen. Etwas in mir wollte die ganze Zeit aufhören mit der Sache, aber etwas anderes in mir wollte weitermachen. Dann war plötzlich dieser Mann im Keller aufgetaucht und hatte mich am Arm gepackt und von Annabelle weggezerrt.

Mehr war nicht passiert.

„Mann, freue ich mich auf den Tag, an dem ich hier wieder rauskomme“, unterbrach Mohammed meine Gedanken.

„Hm“, sagte ich unschlüssig, weil ich mich auf gar nichts freute.

In der nächsten Nacht weinte Mohammed wieder.

Ich weinte nie. Dabei war ich noch nicht einmal sechzehn und Mohammed war ein Riese und hatte enorme Muskeln und er sah viel cooler aus als ich.

„Nicht mal ein Radio erlauben die Ärsche uns hier“, fluchte er eines Tages, während wir zusammen gegen ein riesiges Brombeergestrüpp am Rand des weitläufigen JAA-Geländes ankämpften. Ein Beamter stand in unserer Nähe und schaute uns zu.

Mohammed riss ungeduldig an den stacheligen Ranken. „Diese Stille in der Nacht macht mich völlig kaputt ...“

In der darauf folgenden Nacht schrie und tobte er derartig, dass die Nachtwache ihn schließlich aus seinem Zimmer holte und in eine gesonderte Zelle in einem anderen Trakt brachte.

„Damit ich mir nicht das Leben nehme, haben sie gesagt“, erzählte Mohammed am nächsten Tag und spuckte gereizt auf den Boden.

„He, spucken ist verboten, das weißt du doch“, rief einer der Schließer warnend.

„Ach, verdammt ...“, murmelte Mohammed niedergeschlagen. Als es um kurz vor sechs zum Einschluss gongte, war er noch niedergeschlagener. „Ich habe schon wieder richtige Angst vor der blöden Nacht“, sagte er wütend zu mir.

Ich schaute ihn an und spürte, dass ich ihn wirklich mochte. Es war ein ganz anderes Gefühl als bei Noah oder Lino, die nur meine Kumpel gewesen waren. Mohammed mochte ich richtig gerne. Er war so etwas wie ein Freund für mich, der erste Freund in meinem Leben.

In der Nacht, die dann kam, weinte und tobte er nicht. Und er rief auch nicht aus dem Fenster oder klopfte wie ein Wilder gegen die Wand. Stattdessen hörte ich etwas völlig Unerwartetes: Mohammed sang. Ich hörte seine Stimme gedämpft durch die braune Zimmerwand. Es waren türkische Lieder und ich lehnte mich an die Verbindungswand und hörte ihm zu.

Der Tag, an dem Mohammed ging, war schrecklich für mich.

„Kumpel, wir sehen uns wieder“, versprach Mohammed und lächelte mir zu. Er war fast einen Kopf größer als ich und plötzlich, fast schon wieder in Freiheit, wirkte er ganz anders auf mich als in den vergangenen Wochen.

Ich nickte nervös und Mohammed boxte mir aufmunternd vor die Brust, wie Adam es früher getan hatte.

Dann ging er mit schnellen, langen Schritten davon und ich blieb zurück. Ich hatte noch eine letzte Woche vor mir, ehe ich wieder nach Hause durfte. Gereizt schlug ich gegen die Wand auf dem Korridor.

Nach Hause? Wo war das überhaupt? Bei meiner Mutter? Im Sankt-Vinzenz-Heim?

„Verdammt ...“, knurrte ich und verbrachte den ersten wirklich schlechten Tag in der Jugendarrestanstalt. Draußen goß es in Strömen und die dicken, schweren Regentropfen und ein eisiger, heftiger Wind setzten dem Ahornbaum so zu, dass er am nächsten Morgen fast die Hälfte seiner bunten Blätter verloren hatte. Weit verstreut wehten sie über den grauen Asphaltboden und ich bekam die Aufgabe, sie zusammenzufegen und in Säcke zu stopfen. Ein neuer Junge, den sie in Mohammeds Zimmer untergebracht hatten, sollte mir dabei helfen.

Er hieß Pavle und kam aus Kroatien und bis zum Abend hatten wir uns so gestritten, über dies und das, eigentlich nur aus Frust und Langeweile, dass Pavle plötzlich durchdrehte, einfach so, von einem Moment zum nächsten. Er kam langsam auf mich zu und im nächsten Moment hatte er schon zugeschlagen. Ich flog, ehe ich überhaupt richtig verstand, was passiert war, nach hinten auf den nassen Asphalt.

Mein Kopf dröhnte und vor meinen Augen war alles grau und verschwommen und mein Gesicht tat schrecklich weh und mein Mund war voller Blut.

Zwei Beamte trugen mich vorsichtig auf die Krankenstation. Ich hatte eine schwere Gehirnerschütterung und außerdem einen Schneidezahn verloren. Ich übergab mich die halbe Nacht.

Die letzten Tage in der JAA verbrachte ich dann still und stumm und mit schmerzendem Kopf im Bett. Stundenlang starrte ich an die Zimmerdecke und schaute einer Fliege beim Herumfliegen zu. Tagelang flog sie von der brennenden Neonröhre über mir zum Fenster und wieder zurück. Immer wieder, unermüdlich und aussichtslos und hoffnungslos. Und jedes Mal, wenn sie das Fenster erreichte, flog sie brummend dagegen.

Ich hätte alles darum gegeben, ihr das Fenster einmal öffnen zu können, aber das war natürlich unmöglich, auch an dem Fenster der Krankenstation war ein großer Riegel und ein Schloss.

Und an meinem letzten Tag in der JAA starb die Fliege. Sie flog zum letzten Mal mit einem kurzen, erschrockenen Brummen gegen die Fensterscheibe, dann sackte sie still und leise nach unten und lag tot auf dem schmalen Fenstersims.

„So ein Mist“, murmelte ich deprimiert. Und dann beschloss ich, ab dem nächsten Tag, wenn sie mich hier rausließen, alles anders zu machen.

11

„Ich will nach Hause“, sagte ich zu Herrn Bernhard, der mich am nächsten Tag abholte. Es regnete und der Himmel über uns war grau in grau, während wir zum Auto gingen.

„Du hast dich prima gehalten dort drin, habe ich gehört“, sagte mein Feind vom Jugendamt, der gar nicht richtig mein Feind war, obwohl er es natürlich doch war.

Ich zuckte mit den Achseln.

„Doch, doch“, sagte Herr Bernhard und lächelte mir zu, als er den Motor startete. „Der Anstaltsleiter hat es ausdrücklich betont und einen ausführlichen Bericht geschrieben. Du warst freundlich und kooperativ und hast fleißig im Außengelände gearbeitet.“

Dazu sagte ich nichts.

Schweigend fuhren wir über die Autobahn. Ich schaute nach draußen in den grauen nassen Herbst, der am Rand der öden grauen, schnellen Straße an mir vorüberraste, und fühlte mich müde und einsam und sinnlos.

„He, ich will nach Hause“, wiederholte ich nervös, als wir die Stadt erreichten und quer durch die Stadt fuhren.

Und ich durfte nach Hause.

Es folgte eine merkwürdige Zeit.

Meine Mutter schob mir am ersten Tag zu Hause meine Lieblingspizza in den Backofen. Ihr dünner, schmächtiger Freund Per-Olaf saß ebenfalls wieder mit am Tisch, als wir aßen. Patrizia war auch da. Sie aß nur einen Jogurt und war wieder so dünn wie früher.

„Hallo, Juli ...“, sagte sie, als ich im Wohnzimmer stand und meinen Rucksack auf den Boden plumpsen ließ.

Wir lächelten uns vorsichtig zu und mein erster Tag zu Hause war in Ordnung.

Nachts schlief ich in meinem Zimmer und Patrizia schlief im Schlafzimmer und meine Mutter und Per-Olaf schliefen im Wohnzimmer auf einer neuen Schlafcouch, die Per-Olaf gekauft hatte.

Aber der Alltag kam schnell wieder. Der Fernseher lief fast ununterbrochen und unser Balkon war immer noch so verdreckt wie vor einem halben Jahr. Nur, dass der Novemberregen jetzt alles noch mehr verschmierte und aufweichte. Die Katzenhaare in der Wohnung machten mich auch verrückt. Und der Dauerstreit zwischen meiner Mutter und meiner Schwester ging mir auf die Nerven.

„Du siehst aus wie eine Nutte", schimpfte meine Mutter, wenn Patrizia sich schminkte oder sich blonde Strähnen in die Haare färbte.

Dann knallte Patrizia wortlos die Tür hinter sich zu und verschwand für Stunden irgendwo in der Stadt.

„Nun sei doch nicht so grob mit ihr", sagte Per-Olaf manchmal vorsichtig.

„Halt du dich da besser raus", fauchte meine Mutter dann. „Dir gefällt es natürlich, wenn sie sich so zurechtmacht. Schließlich bist du auch nur ein Mann und alle Männer sind Ferkel und haben nur Schweinereien im Kopf ..."

Ich zuckte zusammen, wenn meine Mutter so etwas sagte. Warum tat sie das? Begriff sie nicht, dass sie Per-Olaf so aus dem Haus ekeln würde? Und was würde dann passieren? Sie würde wieder auf dem Sofa liegen und zu viel trinken und im Elend versinken.

Das Leben war sehr kompliziert.

Herr Bernhard rief jede Woche an und erinnerte unseren Anrufbeantworter daran, dass ich zur Schule gehen sollte. Ich hasste diese blöden Anrufe, und manchmal ging ich zur Schule und manchmal nicht. Lino kam auch nur manchmal, aber ich ging ihm aus dem Weg.

Dafür schickte ich hin und wieder eine SMS an Mohammed, der in Süddeutschland wohnte.

Na, alles klar?, schrieb er.

Eher öde, alles …, schrieb ich zurück.

Ich habe eine geile Braut kennengelernt, schrieb Mohammed ein paar Tage später.

Ich dachte an Mia und beschloss, sie wiederzusehen.

Dann hörte ich lange Zeit nichts von meinem türkischen Freund.

Und das tat ich in den Wochen, ehe ich Mia wiedersah:

Ich reinigte den dreckigen Balkon.

Ich ging in die Apotheke und kaufte mir Augentropfen und Nasenspray gegen meine Tierhaarallergie.

Ich klaute ein paarmal kleine Scheine von unserem Haushaltsgeld.

Ich hörte so viel laute Musik, dass die Leute im Haus sich reihum beschwerten.

Ich ging zum Frisör, um mir die Haare schneiden zu lassen. Aber dann entschied ich mich anders und ließ sie wachsen, was ich noch nie getan hatte.

Ich fragte meine Schwester, warum sie wieder zu uns zurückgekommen war.

Ich entdeckte, dass mein Mountainbike aus dem Keller verschwunden war. Einfach weggeklaut. Da rastete ich aus und trat gegen die Kellertür, bis zwei Holzlatten zerbrachen.

Ansonsten gab ich mir Mühe, Ruhe zu bewahren, wenig Alkohol zu trinken und das Leben locker zu nehmen.

Und dann traf ich Mia wieder.

Wie aus heiterem Himmel. Einfach so. Nachdem ich tagelang vergeblich in der Nähe der Lukaskirche herumgetigert war, in der Hoffnung, sie zufällig zu treffen.

Völlig überrumpelt blieb ich stehen und schaute sie an.

„Ich dachte schon, dich gäbe es gar nicht mehr“, sagte Mia und lächelte mich an. Es war ein paar Tage vor Weihnachten und wir standen uns im Nieselregen gegenüber.

„Ich war eine Weile weg“, antwortete ich und schaute und schaute und schaute Mia an. Was war es nur, das mich so verrückt nach ihr machte?

„Warum starrst du mich so an?“, fragte sie schließlich.

„Nur so“, sagte ich schnell.

„Deine Haare sind lang geworden. Das sieht gut aus“, sagte Mia.

Dazu sagte ich nichts, aber ich spürte meinen Herzschlag im ganzen Körper, und plötzlich war ich sehr froh, dass ich schon seit Langem nichts mehr im Internet über Mia geschrieben hatte.

„Wollen wir vielleicht ins *Mensch-verlässt-Erde* gehen?“, fragte Mia in mein Schweigen hinein.

Das *Mensch-verlässt-Erde* war ein Schülercafé am Rand unseres Viertels, in dem ich noch nie gewesen war, weil dort hauptsächlich Gymnasiasten hingingen.

„Okay“, sagte ich und dann liefen wir nebeneinanderher die Straße entlang.

Und dann zersprang mein Leben in zwei Welten.

Die eine Welt waren meine Mutter und mein Leben zu Hause, mit Patrizia und Per-Olaf und den Anrufen von Herrn Bernhard und meiner Lehrerin in der Sonderschule, mit der ich mich herumstritt, wenn ich ab und zu da war.

Und die andere Welt waren Mia und ihre Eltern und das bunte, verrückte, enge Haus, in dem sie lebten.

Mia und ich gingen durch den Stadtpark und ich war Juli, der vielleicht ins Albert-Schweitzer-Gymnasium ging, wir hatten nicht mehr darüber gesprochen, aber einmal hatte ich es jedenfalls behauptet. Und ich war lustig und vergnügt und ich spielte gerne Tischtennis mit Mia und ich mochte ihren kleinen Bruder Konstantin und ich verstand mich mit Paul und Marlene, Mias Eltern.

Beim Laufen berührten sich unsere Arme und irgendwann berührten sich unsere Hände und dann schob Mia ihre Hand in meine Hand. Ihre Hand war warm und meine Hand war kalt vor Nervosität.

„Gehst du mit mir nächste Woche in die Van-Gogh-Ausstellung in der Kunsthalle?“, fragte Mia, während wir nebeneinander durch den kalten Winterregen liefen. Vorletzte Woche war Weihnachten gewesen und letzte Woche war Silvester gewesen und der Regen rauschte sanft und friedlich.

Ich schaute Mia an und nickte.

„Ich mag Vincent Van Gogh“, sagte Mia.

„Ich auch“, sagte ich und musste an Adam denken, der Vincent Van Gogh auch gemocht hatte. Überhaupt erinnerte mich Mia manchmal an Adam. Und das sagte ich ihr.

„Wer ist Adam?“, fragte Mia.

„Er war mein ... Vater“, sagte ich nachdenklich. „Aber er lebt nicht mehr.“

„Oh ...“, machte Mia. „Woran ist er gestorben?“

„Er hatte ...“ Ich suchte nach Worten und dachte daran, wie Adam in seiner Gefängniszelle gestorben war.

Da waren sie wieder, meine komplizierten zwei Welten.

„Er ist in Paris gestorben“, sagte ich schließlich. „Er war auf Geschäftsreise.“

„Oh ...“, sagte Mia wieder.

Eine Weile schwiegen wir.

„Und warum erinnere ich dich an ihn?“, fragte Mia dann.

Ich blieb stehen und sah Adam plötzlich wieder genau vor mir. Seine riesige Gestalt, seine wirren schwarzen Haare, sein eckiges, unrasiertes Gesicht, seine ungleichen Hände mit den zwölf Fingern.

„Du bist in dir drin ein bisschen wie er", sagte ich leise und war plötzlich traurig. „Du bist sanft und gut und leise und man kann dir vertrauen."

Mia lächelte. „Du redest anders als alle Jungen, die ich sonst kenne", sagte sie und zog mich weiter. Wir waren schon ganz nass geregnet.

Schweigend liefen wir bis zum Ende des Parks.

„Er fehlt dir bestimmt, dein Vater?", fragte Mia, als wir wieder auf der Straße waren.

Ich nickte.

Und als ich an diesem Abend alleine zu Hause in meinem Bett lag, musste ich ununterbrochen an Adam denken, an den Adam, der andauernd meine Mutter verdroschen hatte. Warum war mir das früher nie so richtig aufgefallen? Wie kam es, dass ich ihn trotzdem so liebte? Und dass er mir so fehlte? Wie kam es, dass es weniger schlimm für mich gewesen wäre, wenn meine Mutter aus meinem Leben verschwunden wäre? Was war nur los mit mir?

Verwirrt stand ich auf und riss mein Zimmerfenster auf. Kalte Winterluft schlug mir ins Gesicht. Ich blieb lange so stehen, so lange, bis mir durch und durch kalt war.

Sogar Mia hatte gesagt, ich sei anders als alle anderen.

Das war es: Ich war ganz einfach bekloppt und lächerlich.

Mit zusammengekniffenen Augen starrte ich in die Nacht hinaus. Am liebsten wollte ich dieses ganze blöde, komplizierte Leben einfach abschütteln und ein neues, schönes Leben anfangen. Aber wie sollte ich das schaffen?

Ich lag noch lange wach in dieser Nacht.

Ich war verliebt, richtig verliebt. Und ich besuchte Mia, so oft es ging. An manchen Tagen hatte sie allerdings keine Zeit. Sie war Mitglied in einer Theatergruppe. Und sie spielte Harfe. Außerdem begleitete sie ihre Mutter oft in ein Altenheim. Dort besuchten sie alte Leute, die keinen anderen hatten, der sie besuchen kam.

Das war alles, was ich von Mia wusste: Sie liebte Musik und die Bilder von Vincent Van Gogh. Sie verstand sich gut mit ihren Eltern und ihrem kleinen Bruder. Sie roch immer ein bisschen nach Vanille, weil sie ein Parfüm benutzte, das nach Vanille roch. Sie hatte kleine, schmale Hände und wog gerade einmal achtundvierzig Kilo. Sie hatte im März Geburtstag, wie ich, und sie mochte Gewitter und Schnee. Sie hatte ein ganzes Regal voller Bücher und Nachhilfestunden in Mathe. Sie lernte rumänischen Volkstanz und ihre Lieblingsblumen waren wohl Schneeglöckchen. Jedenfalls schaute sie immer fröhlich, als im Februar die ersten Schneeglöckchen aus der kalten Wintererde wuchsen.

„Soll ich dir ein paar pflücken?“, fragte ich.

„Nein, lass sie stehen. Wenn sie gepflückt sind, verwelken sie so schnell“, sagte Mia.

Ich nickte, weil sie recht hatte. Aber am Abend holte ich einen von Adams vielen alten Blumentöpfen aus dem Keller. Und am nächsten Tag grub ich, anstatt in die Schule zu gehen, ein schönes Büschel Schneeglöckchen unter einem noch kahlen Laubbaum im Stadtpark aus und topfte es in den kleinen Topf.

Schön sah das aus, richtig schön. Ich brachte den Blumentopf zu Mias Haus und stellte ihn dort im Vorgarten vor die Haustür. Mia war natürlich in der Schule und Konstantin war im Kindergarten und Mias Eltern waren auch unterwegs. Mia würde sich freuen, wenn sie die Schneeglöckchen mittags finden würde, da war ich mir sicher. Und sie würde sofort wissen, wer sie gebracht hatte. Eine Weile stand ich einfach nur so da und schaute mir den stillen Garten und das stille Haus an. Wie schön wäre es, wenn ich hier wohnen dürfte, wenn das auch mein Haus wäre. Auch hier standen ein paar vereinzelte Schneeglöckchen im Garten, aber nirgendwo waren so viele zusammen wie in dem kleinen Tontopf vor der Eingangstür.

Zufrieden schlenderte ich davon und dann beschloss ich, nach dem kleinen Baum zu schauen, den Adam und ich vor drei Jahren in den Wald gebracht hatten.

Ob er noch da war?

Ich fuhr bis zur Endhaltestelle am Stadtrand und lief in den Wald hinein.

Aber dann fand ich die richtige Stelle nicht mehr. Dabei lief ich kreuz und quer durch das Waldstück. Aber es war wie verhext. Ich konnte mich nicht mehr richtig erinnern. Irgendwann gab ich es auf und fuhr nach Hause in unsere öde Straße und betrat unser langweiliges Haus und ging in unsere schmuddelige Wohnung.

„Immer sitzt du passiv herum, Patrick", sagte Frau Alban, meine Klassenlehrerin in der Sonderschule.

„Der guckt dauernd so aggressiv", sagten die drei Mädchen, die in meine Klasse gingen, bei dem blöden Gesprächskreis, zu dem Frau Alban uns jede Woche zwang.

„Du bist voll das Weichei", sagte Lino, als wir mal wieder miteinander sprachen.

„Sei doch nicht immer so mürrisch", sagte Herr Bernhard, der bei uns in der Wohnung saß, als ich einmal nach Hause kam.

Ich begriff das alles nicht, und ich kannte mich selbst nicht mehr.

„Du bist lieb", sagte Mia.

„Erzähl doch mal ein bisschen von dir", sagten Mias Eltern.

„Du sollst was mit mir spielen", sagte Mias Bruder Konstantin und kletterte auf meine Schultern.

Sicher war nur, ich konnte es nicht leiden, der zu sein, der ich war.

12

In der gelb gestrichenen Küche in dem Haus, in dem Mia mit ihrer Familie wohnte, hing neben der Tür ein kleines, gerahmtes Bild an der Wand. Es war die leicht verwackelte Fotografie eines winzigen, sehr dünnen Mädchens mit strähnigen, verfilzten Haaren, traurigen Augen und zusammengepressten Lippen. Das Mädchen trug ein zu enges, schief sitzendes Rüschenkleid und saß kerzengerade auf einem kleinen Plastikstuhl und schaute angestrengt denjenigen an, der es gerade fotografierte.

Schon oft war ich an dem Bild vorbeigegangen, aber noch nie hatte ich es richtig angeschaut.

Aber eines Tages blieb ich verwirrt davor stehen.

„Wer ist das?“, fragte ich Mia, die Spagetti kochte.

„Ich“, antwortete Mia und schüttete Salz ins Nudelwasser.

„Du?“, fragte ich, dabei sah ich es im Grunde selbst. Diese großen Augen in dem kleinen, traurigen Kindergesicht waren Mias Augen. Mias Augen, die diese seltsame Farbe hatten. Nicht richtig braun und nicht richtig grün. Aber auch nicht blau oder grau, einfach eine sprenkelige, dunkle Mischung aus all diesen Farben.

„Wie kannst du das sein?“, fragte ich und starrte weiter auf das Bild.

„Das war in Rumänien ... im Kinderheim“, sagte Mia zögernd und schaute mich nicht an, während sie sprach.

Ich runzelte verwirrt die Stirn. „Du warst in einem rumänischen Kinderheim?“, wiederholte ich schließlich und ging zu ihr an den Herd.

Mia nickte. „Bis ich zwei war“, sagte sie und lächelte. „Dann haben mich Paul und Marlene adoptiert.“

Jetzt schauten wir uns aus allernächster Nähe an.

„Warum hast du das denn noch nie erzählt?“, fragte ich.

Mia zuckte mit den Achseln. „Ich weiß nicht", sagte sie schließlich und rührte dabei in den kochenden Spaghetti. „Ich rede nicht so gerne darüber."

„Du hast tatsächlich zwei Jahre in einem Kinderheim gelebt?", fragte ich noch einmal und schaute Mia an, als sähe ich sie zum ersten Mal. „Was ist mit deinen echten Eltern?"

Mia zuckte wieder mit den Achseln. „Ich hatte nur eine Mutter", sagte sie langsam. „Keine Ahnung, wer mein Vater war. Meine Mutter hat mich bekommen, als sie noch ganz jung war, aber sie kam nicht damit zurecht, und darum hat sie mich bei ihrer Mutter gelassen und ist weggegangen. Und als dann meine Großmutter krank wurde und ins Krankenhaus musste, kam ich ins Heim. Und dann starb meine Großmutter ..."

Mia zuckte noch einmal mit den Achseln. „Ich kann mich an das alles nicht erinnern, jedenfalls kam ich dann zu Paul und Marlene."

Sie lächelte mir zu und zog eine Nudel aus dem Topf. „Da, probier mal ... Sind sie fertig?"

In meinem Kopf drehte sich alles. Im Grunde hatte Mia eine ganz ähnliche Geschichte wie ich, nur dass bei mir nicht plötzlich Adoptiveltern aufgetaucht waren, um mich mit sich in ein anderes, schöneres Leben zu nehmen.

„Konstantin ist übrigens auch aus Rumänien", sagte Mia in diesem Moment und stellte Teller auf den Tisch. „Aber ihn haben meine Eltern als neugeborenes Baby adoptiert."

Dann aßen wir die Spaghetti und ich war plötzlich sehr aufgekratzt. Ich nahm mir fest vor, Mia heute alles von mir zu erzählen. Von meiner depressiven Mutter, davon, dass ich auch nicht wusste, wer mein wirklicher Vater war, außerdem von Adams Tod im Gefängnis und von meiner Zeit im Vinzenz-Heim und in der JAA. Dann könnte ich ihr auch erklären, warum ich jetzt diese blöde Zahnlücke hatte, nach der sie mich schon ein paarmal gefragt hatte.

Endlich könnte ich alles sagen.

Aber dann kam alles anders. Und es war Mia, die es mir unmöglich machte, alles zu erzählen.

„Eigentlich komisch, dass ich mich an die Zeit in Rumänien gar nicht erinnern kann", sagte sie nämlich, als wir unsere Teller in den Geschirrspüler stellten. Sie schaute dabei zu dem kleinen, gerahmten Kinderbild neben der Tür hinüber. „Ich kann mich nur an ein paar vereinzelte Bilder erinnern. Diese Armut, diese schmutzigen, schlecht riechenden Räume des Kinderheims ..."

Mia schaute gedankenverloren vor sich hin.

„Ich bin schrecklich froh, dass das alles aus meinem Leben verschwunden ist. Ich wollte auch nicht mit nach Rumänien fahren, als meine Eltern Konstantin holten. Ich weiß, es klingt blöd, aber ich will mit Armut und Elend nichts mehr zu tun haben. Ich bin froh, dass in meinem Leben jetzt alles heil und in Ordnung ist, verstehst du?"

Ich schaute Mia an und fühlte mich bloßgestellt. Dabei wusste sie ja noch gar nichts von mir und meinem Leben.

Plötzlich fühlte ich mich wie der letzte Dreck. Mias Vergangenheit war weit weg in Rumänien in einem schmuddeligen, rumänischen Kinderheim. Aber mein blödes, armseliges Leben war hier, hier um die Ecke.

Am liebsten hätte ich mich sofort aus dem Staub gemacht, aber ich tat es nicht.

Stattdessen lächelte ich Mia an und alles blieb, wie es war.

„Warum kann ich nie mit zu dir nach Hause kommen?", fragte Mia manchmal.

„Du weißt doch, meine Mutter", sagte ich dann schnell.

„Ja, aber wir würden sie doch nicht stören", sagte Mia.

Ich hatte ihr erzählt, dass meine Mutter als Steuerberaterin zu Hause arbeitete und vor Stress nicht ein noch aus wusste und wir sie nur stören würden, wenn wir uns bei mir trafen.

Aber Lügen halten eben nicht ewig.

Es war fast schon März, als es passierte. Und damit war es ein paar Tage vor Mias sechzehntem Geburtstag. Mias und meine Freundschaft hatte etwas Eigenartiges, denn im Grunde hatte ich mein Leben und sie hatte ihr Leben. Und wenn wir uns bei ihr trafen, waren wir immer ein bisschen außerhalb von allem.

Mia schien keine richtige Freundin zu haben, so wie ich keinen richtigen Freund hatte.

Und wir beide waren auch kein richtiges Paar, wir hatten uns bisher noch nicht einmal geküsst. Wir gingen nur manchmal Hand in Hand und ich mochte das Gefühl, ihre kleine, schmale Hand in meiner zu spüren.

„Soll ich dir mal sagen, was ich alles an dir mag?", fragte Mia an diesem Februartag und wackelte mit ihren Fingerspitzen in meiner Hand.

„Hm ...", machte ich unschlüssig. Wir saßen nebeneinander auf dem schnörkeligen Geländer einer kleinen Brücke im Stadtpark.

„Soll ich oder nicht?", bohrte Mia.

„Okay", sagte ich.

„Also ...", begann Mia und schaute mich von oben bis unten an. „Ich mag deine schönen schwarzen Haare. Und deinen finsteren Blick. Und die kleine Falte zwischen deinen Augen. Und ich mag, dass du die Natur so liebst. Und dass du im Winter diesen angefahrenen Igel von der Straße geholt und zum Tierarzt gebracht hast. Und dass du gerne mit Konstantin spielst. Und dass du nicht dauernd mit anderen in einer Clique herumhängst. Und dass du ..."

Plötzlich hörte sie auf zu reden und wir schauten uns nur noch an. Und dann legte ich langsam meine Arme um sie, und wir küssten uns. Ganz leicht und vorsichtig bloß, ich wollte nichts falsch machen und ich hatte außerdem immer ein bisschen Angst, dass Mia riechen könnte, dass ich vielleicht doch ein wenig nach unserer Wohnung roch, wenn ich sie zu nah an mich heranließ.

Und dann waren da plötzlich Wladimir und Malte aus meiner alten Schule.

„Das gibt's ja gar nicht, der Scheiß-Caspari knutscht mit Mia Kirberg rum!"

Ich erkannte Wladimirs Stimme sofort. Hastig schob ich Mia zur Seite.

„Mensch, Mia, wie kannst du dich bloß mit dem einlassen ...", sagte Wladimir und schaute zwischen Mia und mir hin und her.

Verdammt, woher kannte Mia die beiden nur? Mir war plötzlich ganz flau im Bauch. Was würde jetzt passieren? Wladimir und Malte wussten, auf welche Schule ich ging, und sie wussten, wie es um meine Mutter stand, und sie wussten auch, dass ich eine Weile im Sankt-Vinzenz-Heim gewohnt hatte ...

„He, Wladimir, verschwinde", sagte Mia ärgerlich und packte mich am Arm. „Los, wir gehen."

Ich nickte nervös, während wir uns umdrehten und davongingen.

„Woher kennst du die beiden?", fragte ich, und meine Stimme klang genauso nervös, wie ich war.

„Wladimirs Bruder geht mit meinem Bruder in dieselbe Kindergartengruppe", erklärte Mia und schaute geradeaus, während sie weitersprach. „Und er hat mir letzten Sommer durch seinen Freund Malte ausrichten lassen, dass er mich mögen würde ..."

Ich spürte mein Herz bis in den Hals klopfen.

„Und du?", fragte ich und schaffte ein bisschen Distanz zwischen Mia und mich. Wenigstens so viel, dass unsere Arme sich nicht mehr berührten.

„Hey, Mia, wenn ich dir einen Tipp geben soll, dann lass die Finger von diesem Proleten!", brüllte Wladimir in diesem Moment. „Ich könnte dir da eine Menge erzählen ..."

Wladimirs Gebrüll dröhnte in meinen Ohren und in meinem Kopf wie ein Angriff auf mein Leben.

„Ich finde Wladimir nicht toll", sagte Mia und schaute mich an. „Er ist dumm und ordinär und kommt aus einer engstirnigen Familie ..."

Mias Worte beruhigten mich nicht die Bohne.

Und darum verabschiedete ich mich schnell und ging alleine nach Hause.

Früher war mein Zimmer in Ordnung gewesen. In Ordnung deshalb, weil ich es immer halbwegs aufgeräumt hatte. Ich meine, auch nachdem Adam nicht mehr da war, um das gröbste Chaos in der restlichen Wohnung in Schach zu halten. Aber jetzt herrschte überall Chaos und Unordnung, auch in meinem Zimmer. Überall lagen leere Chipstüten und schmutzige Klamotten und leere Coladosen und zerlesene Comics und CDs und CD-ROMs ohne Hüllen und Auto- und Motorradzeitschriften und der übrige, übliche Alltagskram herum. Aber das war mir alles egal. Ich war sonst sowieso nur so wenig wie möglich zu Hause. Aber an diesem Nachmittag und an diesem Abend saß ich mitten in meinem Durcheinander und starrte ununterbrochen stumpf vor mich hin. Meine Anlage dröhnte ohrenbetäubend, während ich eine CD nach der anderen abspielte.

Was sollte ich nur tun? Wladimir würde Mia ganz sicher auflauern und ihr alles über mich erzählen.

Bis zum Abend blieb ich in dem Lärm meines Zimmers. Vielleicht klopfte meine Mutter an meine abgeschlossene Tür, vielleicht klingelten sich sämtliche Nachbarn an unserer Wohnungstür die Finger wund. Ich jedenfalls sah und hörte nichts.

Ich saß einfach nur da und wurde fast verrückt.

Wladimir hatte die Macht, mir alles kaputtzumachen.

Was hatte ich mal zu Mia gesagt? *Man kann dir vertrauen ...*

Aber ich hatte ihr nicht vertraut.

Weil ich niemandem vertraute.

Was sollte ich bloß tun?

Und dann stürzte ich plötzlich los.

Ich würde mit Wladimir reden.

Ich würde ihn bitten, Mia nichts über mich zu erzählen.

Ich schaltete meine Anlage aus und verließ entschlossen die Wohnung.

Dann lief ich zum Jugendtreff bei der Halfpipe, wo Wladimir und Malte abends oft waren.

Und ich hatte Glück, sie waren da.

„Na, wen haben wir denn da?", rief Wladimir sofort, als er mich sah.

„Ich ...", begann ich und verlor den Faden. Was sollte ich sagen? Es war doch alles völlig sinnlos. Wladimir würde niemals etwas für mich tun.

„Lass die Finger von Mia Kirberg, du Stück Scheiße", sagte er dann auch und kam mit seinem Gesicht nah vor meines.

Ich schwieg.

„Hast du denn deiner feinen Braut mal erzählt, dass deine Mutter eine Trinkerin ist und dass sie dich schon mal eingebunkert haben?"

In den Taschen meiner Jeans ballte ich meine Hände zu Fäusten.

Ich spürte heißen Schweiß auf meinem Rücken, obwohl es kalt war.

Ich hörte Wladimirs Worte kaum noch.

Mein Kopf fühlte sich plötzlich an, als wäre er mit Watte gefüllt.

Dann fühlte ich gar nichts mehr.

Aus weiter Ferne hörte ich noch einmal Maltes Stimme, die warnend rief: „Pass auf, Wladi, der Caspari dreht gleich durch ..."

Und dann passierte es.

Eigentlich komisch, dass ich vorhin das Springmesser in die Tasche meiner Lederjacke gesteckt hatte, einfach so.

Jedenfalls schlug ich mit der linken Faust zu, ich schlug überall hin, wo ich Wladimirs dürren Körper auch nur ansatzweise erreichen konnte. Und mit der rechten Hand, in der ich das Messer hielt, schlug ich ebenfalls auf Wladimir ein.

Plötzlich fiel er um wie ein gefällter Baum. Ich spürte seinen Aufprall auf den regennassen Asphaltboden unter meinen Füßen.

Dann rannte ich davon.

Ich rannte und rannte und rannte und rannte und rannte und rannte und rannte und rannte ...

Was hatte ich getan?

Ich war alleine.

Meine Lunge tat weh vom schnellen Atmen.

Mein Kopf war leer.

An meiner rechten Hand waren Flecken: rostbraune, klebrig schmierige Flecken.

Blut.

Wladimirs Blut.
Mein Kopf war leer und pochte.
Langsam lief ich weiter.
Straßenzüge entlang.
Um Häuserecken.
Über Straßenkreuzungen.
Durch einen Park hindurch.
Über einen leeren, dunklen Platz.
An Häuserreihen entlang.
An einer erleuchteten Tankstelle vorbei.
Und an einem dunklen Supermarkt vorüber.
Es kam mir so vor,
als würde mich das Alleinsein
in eine eisige Kälte ziehen.
Wo war jemand,
mit dem ich reden konnte?
Ich zerbrach mir den Kopf.
Ich blieb stehen
und ging wieder weiter.
War das hier ein Ende
oder ein Anfang?
Mein Kopf war abwesend.
Und wie leer gefegt.
Meine Schritte wurden immer langsamer.
Und schwerfälliger.
Was hatte ich getan?

Ich stolperte ihnen direkt in die Arme. Anscheinend war ich im Kreis gelaufen. Jedenfalls stand ich wieder ganz in der Nähe des Jugendtreffs, als der Streifenwagen neben mir stoppte und zwei Männer herauskamen. Sie verstellten mir den Weg und leuchteten mich mit einer Taschenlampe an.

„Name?“

„Patrick Caspari ...“

Meine Stimme klang gereizt, dabei war ich eigentlich gar nicht gereizt. Ich war nur erschöpft. Merkwürdig, dass ich hier war, wo ich doch eine halbe Ewigkeit herumgelaufen war. Und merkwürdig, dass ich das Messer nicht wenigstens weggeschmissen hatte.

Auf dem Messer waren auch Flecken, genau wie auf meiner Hand. Ich schaute zu, wie der eine Polizist das Messer nahm und in einen durchsichtigen Plastikbeutel steckte.

Wie ein Pausenbrot, dachte ich und musste grinsen.

Komisch, eben noch hatte ich mich gefragt, was ich getan hatte ... Jetzt wusste ich es wieder: Ich hatte meinen Exklassenkameraden Wladimir Soho niedergestochen.

So einfach war das.

13

Mitten in der Nacht wurde ich ruckartig wach. Das Bett, in dem ich lag, war hart wie ein Brett und die Bettdecke sehr leicht und dünn. Vorhin, als ich mich darunter zusammengekauert hatte, war mir kalt gewesen, eiskalt. Aber jetzt schwitzte ich trotz der dünnen Decke wie verrückt. Benommen starrte ich in die fremde Dunkelheit um mich herum. Es roch schlecht hier drin. Nach Angst und Wut und Schweiß.

Wieder hatte ich eine Toilette im Zimmer. Wieder waren die Wände um mich herum, die ich jetzt in der Dunkelheit kaum sehen konnte, mit abwaschbarer Farbe gestrichen. Aber nicht hellbraun diesmal, sondern in einem scheußlichen Gelb, das an die Farbe von Senf erinnerte.

In eine enge Arrestzelle auf dem Polizeirevier hatten sie mich gesteckt, gleich nach dem Verhör.

„Ich will nach Hause, verdammt ...", hatte ich den Polizisten, der mich in den düsteren Keller geschoben hatte, angefahren.

Außerdem hatte ich alles geleugnet.

Nein, ich hatte Wladimir Soho nicht angegriffen.

Ganz sicher nicht.

Blut an meinen Händen?

Dazu hatte ich nichts gesagt.

Nervös stand ich auf und ging ans Fenster, das so hoch lag, dass ich kaum hinausschauen konnte. Außerdem waren diesmal Gitter davor.

Und man hatte mir alles weggenommen. Mein Handy, mein Geld, meine Klamotten, meine Armbanduhr. Sogar meinen Ohrring.

„Scheiße ...", flüsterte ich und schlug mit beiden Fäusten gegen die kalte, glatte Wand.

Bis zum Morgen konnte ich nicht mehr schlafen. Wie ein Wahnsinniger ging ich hin und her. Ich lief zum vergitterten Fenster. Und zur verschlossenen Tür. Ich setzte mich zurück auf das schmale, harte Bett. Und ich stand wieder auf, um wieder zum Fenster zu gehen. Und wieder zur Tür.

Irgendwann sah ich das hässliche Gelb der engen Wände wieder besser. Die Vögel fingen an zu zwitschern. Der Himmel wurde hell. Graue Morgendämmerungsschatten flimmerten durch die eisernen Fenstergitter.

Ich wollte nach Hause.

Sofort nach Hause.

„Scheiße, lasst mich hier raus!“, brüllte ich wie von Sinnen.

Mittags durfte ich tatsächlich gehen. Aber nicht nach Hause, sondern wieder ins Sankt-Vinzenz-Heim.

Meine Mutter wollte mich erst mal lieber nicht sehen, sagte mir Herr Domejko zur Begrüßung.

Meine Stimmung war merkwürdig, als ich wieder zurück in die laute, verrauchte Wohngruppe kam. Serkan und Jonathan spielten am Flipper und ein fremder Junge hockte vor dem Fernseher und rauchte eine Zigarette.

Diesmal schlief ich in einem Einzelzimmer, der Junge vor dem Fernseher teilte sich an meiner Stelle das Zimmer mit Lino.

Ich dachte ständig an Mia. Was sie wohl wusste? Panik überfiel mich, wenn ich daran dachte, dass sie vielleicht alles wissen könnte. Alles, was passiert war.

Stundenlang saß ich in meinem Zimmer und überlegte, ob ich sie anrufen sollte. Ich war wie gelähmt. Dann wurde ich krank. Ich bekam Fieber und Schüttelfrost und wahnsinnige Kopfschmerzen, tagelang.

Ich ging nicht in die Schule, und ich dachte nicht mehr nach. Ich tat überhaupt nichts. Ich lag bloß in diesem kleinen, fremden Zimmer, in dem jemand ungefähr hundertmal *I love Britney Spears!* an die Wand geschrieben hatte. Es hing auch ein Britney-Spears-Plakat an der Wand.

„Wenn es dich nervt, häng es ab, Patrick", sagte Herr Domejko und schaute mich unergründlich an. Ob er mich wohl scheußlich fand? Was er überhaupt von mir dachte?

„Wladimir Soho geht es inzwischen wieder besser", sagte er einen Tag vor meinem Geburtstag. „Ich dachte, es interessiert dich vielleicht."

Ich lag zwar noch in meinem Bett, aber richtig krank war ich nicht mehr. Demnächst würde mein Prozess beginnen. Warum war ich nur so schlapp?

Mia hatte ich immer noch nicht angerufen. Was sollte ich ihr schon sagen?

„Klar weiß sie, was du gemacht hast", sagte Lino einmal zu mir. „Stand ja auch in der Zeitung. Okay, ohne deinen Namen, aber sie wird sich das wohl zusammengereimt haben, wenn sie nicht ganz und gar beschränkt ist ..."

Lino war wie immer. Er klaute und log und redete schlecht über jeden, der gerade nicht da war. Ich vermied es, mit ihm zusammen zu sein.

An meinem Geburtstag besuchte mich nur Herr Bernhard. Er schenkte mir tatsächlich ein Buch. Perplex starrte ich es an. Es hieß *Der Steppenwolf* und mein Feind vom Jugendamt sagte, es sei als Jugendlicher sein Lieblingsbuch gewesen und ich könne ja mal ein bisschen darin herumlesen, vielleicht gefiele es mir auch.

„Ich hasse Bücher", murmelte ich und warf das Buch auf den Tisch im Gemeinschaftsraum.

„Aber du bist nicht dumm, Patrick", sagte Herr Bernhard. Und bald darauf ging er wieder. Vorher teilte er mir noch mit, wann der Prozess gegen mich beginnen würde.

Und ein paar Tage später besuchte mich eine Frau, um sich mit mir über mich und mein Leben und das, was ich getan hatte, zu unterhalten.

„Ich bin von der Jugendgerichtshilfe“, sagte sie und ich musste mit ihr in Herrn Domejkos kleines Büro gehen.

„Dann fangen wir mal an“, sagte sie, als wir dort am Tisch saßen, und lächelte mir zu.

Ich lächelte nicht zurück.

Und dann fragte sie mich nach meinen Gefühlen für meine Mutter. Und für meine Schwester. Und nach meinem unbekannten Vater. Und nach Adam. Und sie wollte wissen, ob ich eine Freundin hätte. Und was ich gerne in meiner Freizeit machte.

Ich gab auf nichts eine Antwort.

Was hatte dieses Gerede für einen Sinn? Gefühle waren Blödsinn, sie machten einen nur schwach und angreifbar. Ärgerlich starrte ich aus dem Fenster in den hohen, hellen Himmel und schaltete meine Ohren auf Durchzug.

Wie gerne würde ich mal in einem Flugzeug sitzen und irgendwo hinfliegen. In den Süden. In die Sonne. Irgendwohin, wo es schön wäre und man mich in Ruhe ließe.

Ich schwieg und schwieg und schwieg und irgendwann ging die Frau mit den vielen Fragen wieder.

Achselzuckend stand ich auf und setzte mich im Gemeinschaftsraum vor den Fernseher.

Dann kam der Prozess. Und mit ihm kam Mia. Erschrocken schaute ich sie an. Mir wurde schwindelig und ich wusste nicht, wo ich hinschauen sollte. Also schaute ich nur noch auf den Tisch, an dem ich saß.

Und dann ging das Gerede los. Die Richterin redete. Mein Verteidiger redete. Herr Domejko redete. Herr Bernhard redete. Die Frau von der Jugendgerichtshilfe redete.

In meinem Kopf drehte sich alles. Und alles, was geredet wurde, verschwamm zu einem wirren Stimmengemisch, das mich immer gereizter machte.

Auch Wladimir tauchte auf. Seine Stimme klang so höhnisch wie immer.

„Keine Ahnung, warum der Irre plötzlich durchgedreht ist", sagte er langsam. Hörte nur ich den Hohn in seiner Stimme? Die Richterin sprach auf jeden Fall sehr freundlich mit ihm.

„Wir haben nur ein bisschen rumgealbert und Blödsinn geredet, da zog er plötzlich dieses Fleischermesser und stach auf mich ein ..."

Mehr fiel Wladimir nicht ein zu dem Abend und darum durfte er gehen.

Dann war plötzlich meine Mutter da. Ich zuckte zusammen und starrte konzentriert auf meine Hände.

„Er war immer lieb. Nein, er hat keinen Alkohol getrunken. Ich kann das alles nicht verstehen ...", sagte meine Mutter mit dünner, verschwommener Stimme.

Innerlich zitterte ich, aber nur innerlich. Äußerlich ließ ich mir nichts anmerken. Ich war kein Schwächling. Komisch nur, dass mir die Stimme und die Worte meiner Mutter so nah gingen. Ich runzelte ärgerlich die Stirn.

Und dann redete auf einmal Mia. Ich konnte es kaum ertragen.

„Warst du gut befreundet mit Patrick?", fragte die Richterin.

„Ja ...", sagte Mia und ich spürte, dass sie zu mir herüberschaute. Ich schluckte und starrte immer noch fest auf den Tisch vor mir.

„War er in deiner Gegenwart jemals gewalttätig?"

„Nein."

„Kannst du dir dennoch erklären, warum es zu dieser Tat gekommen ist?"

Mia zögerte.
„Ich bin mir nicht sicher ...", sagte sie schließlich leise.
„Aber du hast eine Vermutung?", fragte die Richterin.
„Vielleicht", sagte Mia.
Ich spürte, wie sich alles in mir zusammenkrampfte. Ich wollte nichts hören, ich wollte das alles nicht hören. Am liebsten hätte ich mir die Ohren zugehalten.
„Ich glaube, er wollte nicht, dass ich erfahre, wie er lebt und so ..."
Mias Stimme klang vorsichtig und ich hatte schreckliche Angst vor dem, was sie noch sagen würde.
„Kannst du das ein bisschen genauer erklären?", fragte der Mann, der neben mir saß und angeblich zu meiner Verteidigung da war. Am liebsten hätte ich seine scheußliche Frage mit der Faust zerschlagen.
„Ich meine, er wollte wohl nicht, dass ich weiß, dass er schon mal in einem Heim gewesen ist, und dass seine Familie ziemlich arm ist und so ... Und dann war er ja auch schon mal vor Gericht, wie ich inzwischen erfahren habe ..."
Da war es – alles war kaputt!
„... und er hatte, glaube ich, Angst, dass Wladimir mir das alles sagen würde."
„Ich verstehe", sagte die Richterin. Aber ich wusste, dass sie nichts verstand, überhaupt nichts. Niemand verstand etwas von meinem Leben. Nur Adam hatte etwas davon verstanden.
Verdammt, ich war fix und fertig.

Und es kam, wie es kommen musste. Weil Wladimir ziemlich stark verletzt gewesen war und weil ich das Messer schon von zu Hause mitgenommen hatte und weil ich immer noch nichts zugab, verurteilten sie mich zu einem Jahr Jugendgefängnis ohne Bewährung.

„Machen Sie das Beste daraus, Patrick“, sagte die Richterin zum Schluss. „Sie sind doch nicht dumm. Verbauen Sie sich Ihr Leben nicht mit Ihrer Wut.“

Ein Jahr ...

Dreihundertfünfundsechzig Tage ...

Ein eigenartiger Gedanke ...

Aber am Tag meines Haftantritts, als ich im Sankt-Vinzenz-Heim auf Herrn Bernhard warten sollte, war ich nicht da. Ich trieb mich den ganzen Tag alleine im Wald herum und wusste nicht, was ich machen sollte.

In meinen Gedanken floh ich weit weg. Ich könnte ein Auto klauen und einfach fortfahren, irgendwohin.

Oder zum Flughafen trampen und mit einem billigen Last-Minute-Ticket nach Amerika fliegen.

Oder ich könnte hier im Wald leben, alleine für mich.

Oder ich könnte mir das blöde Leben nehmen ...

Ich rauchte zwei Päckchen Zigaretten leer und dann ging ich, leer im Kopf, nach Hause.

Ich klingelte und Patrizia machte mir die Tür auf.

„Mann, Juli, sie waren schon hier deinetwegen“, sagte sie und ließ mich in die Wohnung.

„Mama ist mit Per-Olaf unterwegs“, fuhr sie fort, obwohl ich nicht nach unserer Mutter gefragt hatte.

Wir setzten uns in unser altes, gemeinsames Zimmer und tranken Cola.

„Du hast mich doch mal gefragt, warum ich wiedergekommen bin“, sagte meine Schwester plötzlich.

Ich nickte. „Aber du hast nicht geantwortet“, sagte ich.

„Ich weiß“, sagte meine Schwester und kratzte sich Nagellacksplitter von ihren Fingernägeln. „Ich bin weg, weil er mich angefasst hat ...“

Patrizias Worte klirrten in meinen Ohren. Er konnte nur ihr Vater sein. Ich ballte meine Hände zu Fäusten.

Aber ich hatte keine Zeit mehr für eine Antwort, denn in diesem Moment klingelte es und sie kamen und holten mich ab.

Ohne ein Wort zu sagen und ohne einen Blick zurück, folgte ich ihnen in den Streifenwagen.

Es war eine Festung. Eine Festung aus Mauern, Stacheldraht, Zäunen, Kameras, Gittern und Türschlössern. Wie benommen trottete ich einem uniformierten Schließbeamten hinterher, der mich durch ein endlos wirkendes, neonbeleuchtetes weißes Labyrinth aus Gängen und Korridoren führte.

Ich musste meine Sachen abgeben.

Ich musste mich nach Drogen und Waffen durchsuchen lassen.

Ich wurde von einem Gefängnisarzt untersucht.

Dann schoben sie mich in meine Zelle.

212 stand an der grünen Tür, die sie hinter mir verschlossen.

Dann war ich alleine.

Still und stumm legte ich mich auf das Zellenbett und schloss die Augen. Stundenlang.

Das war also Adams Paris. Was für ein Hohn. Hier zu sein hatte nichts Erhebendes. Ich war nichts weiter als ein weggesperrtes, unbedeutendes Nichts. Plötzlich überfiel mich Panik. Ich machte die Augen auf und starrte auf die Wände um mich herum und hatte das Gefühl, sie rückten unaufhaltsam näher. Der Schweiß brach mir aus, warum tat man mir das hier an? Womit hatte ich das hier verdient? Ich wollte raus ... raus ... raus ...

Ich spürte, wie mir die Luft in der Kehle stecken blieb. Was war mit mir? Hatte ich einen Anfall? Würde ich ersticken?

„Hilfe ...“, flüsterte ich.

Ich wollte nach Hause. Die Tür sollte aufgehen. Ich wollte in den Wald gehen. Ich brauchte Luft.

Ich fing an zu zittern und ich stand vorsichtig auf.

Mama ..., dachte ich.

„Scheiße, verdammt!“, brüllte ich.

Wie in der JAA wurde morgens früh geweckt. Und wie im Sankt-Vinzenz-Heim waren wir in Wohngruppen eingeteilt. In unserem Trakt saßen zwanzig Jugendliche ein, jeder einzeln in einer engen, grau gestrichenen Zelle. Vor den Fenstern waren dunkelgraue Gitter und ich fühlte mich wie ein krankes, eingesperrtes Tier.

Vormittags sollte ich in Schulstunden versuchen, meinen Hauptschulabschluss nachzuholen. Mittags bekam ich allein auf meiner Zelle Mittagessen, weil die meisten anderen unseres Traktes irgendwo auf dem JVA-Gelände arbeiteten und dort in der Kantine aßen. Nachmittags waren die Zellen eine Weile offen und man konnte herumlaufen oder im Gemeinschaftsraum sitzen oder Tischtennis spielen oder im engen, asphaltierten Hof in der Sonne sitzen. Am frühen Abend war wieder Zelleneinschluss.

Jeder Tag war eine einzige Katastrophe. Und jeden Tag dachte ich entweder an Mia oder an Wladimir.

Nach Mia sehnte ich mich.

Und Wladimir hasste ich.

Mia wollte ich anschauen, anfassen und küssen.

Und Wladimir wollte ich zusammenschlagen und ihm hundertmal in sein höhnisches, überhebliches Gesicht hineintreten.

Aber weder Mia noch Wladimir waren erreichbar. Erreichbar war nur ich. Erreichbar für die anderen. Für Rufus, Daniel, Tobias und Ali, die im selben Trakt einsaßen wie ich.

„Los, packt ihn euch, den Weichling!", zischte Rufus und einen Augenblick später spürte ich, wie ich von hinten am Hals gepackt und zu Boden gerissen wurde.

„He ...", gurgelte ich, aber sie hielten mir den Mund zu. Und dann traten sie mir in den Bauch und in die Nieren und ins Gesicht.

Warum taten sie das? Was hatte ich getan? Wann würden sie wieder aufhören?

Zusammengekrümmt lag ich da und hatte Angst.

„Schluss damit!", rief endlich ein Anstaltsbeamter, als er uns entdeckte, und befreite mich zusammen mit einem Kollegen von Rufus und den anderen.

Benommen richtete ich mich auf und floh in meine offen stehende Zelle. Aber auch dort war jemand gewesen.

Schwule Sau! stand in unordentlichen Buchstaben an der Wand über meinem Bett. Und auf meiner Bettdecke war ein gelblicher, nasser Fleck.

Jemand hatte auf mein Bett gepinkelt. Tief in mir drin spürte ich einen wahnsinnigen Zorn. Aber die Angst vor Rufus und den anderen und der Schreck über ihren plötzlichen Überfall im Hof lähmten mich völlig. Still und stumm zerrte ich die verdreckte Decke vom Bett und wickelte sie so zusammen, dass man die nasse Stelle nicht sehen konnte. Dann trug ich sie vorsichtig über den sonnigen Flur und klopfte an die Tür unserer Wohngruppenleiterin.

Ich hatte sie seit meiner Ankunft erst einmal gesehen. Sie war eine kleine, kugelrunde Frau und vielleicht so alt wie meine Mutter.

„Was gibt es?", fragte sie auf mein Klopfen. Mürrisch betrat ich ihr Büro und legte die schmutzige Decke auf einen Stuhl. Stockend erklärte ich ihr, was im Hof und was mit der Decke geschehen war.

„Solche Dinge passieren leider hin und wieder", sagte Frau

Schiller und lächelte mir zu. Und dann schickte sie mich in die Wäschekammer, damit ich mir eine neue Decke und einen neuen Deckenbezug holen konnte.

„Ab morgen wirst du sowieso in der Wäscherei mitarbeiten", fügte sie erklärend hinzu.

Auch Ali arbeitete in der Wäscherei.

„Bist du echt schwul?", fragte er mich am nächsten Tag und schaute mich misstrauisch von oben bis unten an. Von dem, was am Vortag im Hof vorgefallen war, sprachen wir mit keiner Silbe.

„Quatsch ...", sagte ich böse. „Wie kommst du darauf?"

Ali zuckte mit den Achseln. „Alle sagen es. Weil du so schwul aussiehst ..."

Wütend wendete ich mich ab. Wie sollte ich das Leben hier drin nur ertragen?

Jede Woche gab es zwei Gesprächskreise, an denen wir alle teilnehmen mussten.

„Wer hat etwas zu sagen?", fragte Frau Schiller. Oder auch Herr Rosenberg, der Gefängnispsychologe.

Meistens sagte keiner etwas.

„Rufus?", fragte Frau Schiller dann.

„Ich hab nix zu sagen", sagte Rufus.

„Daniel?"

„Hab nix ...", sagte Daniel.

„Tobias?"

„Auch nix!", sagte Tobias.

„Patrick?"

Ich schüttelte den Kopf.

An einem Tag sagte Rufus plötzlich: „Ich habe eine Frage ..."

„Ja ...?", fragte Herr Rosenberg.

„Ist der Caspari schwul?"

Ich zuckte zusammen.

„Nein, das ist er nicht“, sagte Frau Schiller mit freundlicher Stimme, als wäre an Rufus’ Frage nichts auszusetzen.

Mir war schwindelig vor Wut.

Hinterher hielt mich Rufus am Arm fest.

„Woher weiß denn die Schiller so genau, dass du keine schwule Sau bist?“, fragte er und grinste mich an. „Hast du etwa schon mal mit ihr?“

Wir schauten uns an.

„... du bist ja ziemlich oft in ihrem Büro, Caspari ...“

Das stimmte, ich war oft bei Frau Schiller, weil ich sie mochte. Sie war neben Mia und Adam der beste Mensch in meinem Leben. Sie schien mich zu mögen und das war ein gutes Gefühl.

„Lass mich in Ruhe“, sagte ich zu Rufus und zog meinen Arm zurück.

Aber Rufus’ Frage ging mir nicht mehr aus dem Kopf. Stundenlang verbrachte ich meine Zeit damit, an Frau Schiller zu denken. Und auch die anderen dachten an sie, oder, was noch schlimmer war, sie redeten über sie.

„Ihre Titten sind nicht übel“, sagte Fabrizio, der in der Zelle links von mir lebte.

„Und sie hat einen geilen Arsch, obwohl sie schon fünfunddreißig ist“, fügte Norman hinzu, der am längsten von allen aus unserer Wohngruppe einsaß.

„Sie hat einen Freund, aber sie ist nicht verheiratet“, sagte Rufus und hielt sein hässliches Gesicht in die Sonne. Er hatte abstehende Ohren und eine lange, gebogene Nase und einen weichen, hellen Ziegenbart.

„Ob sie wohl oft mit ihm poppt?“, überlegte Norman.

Ich hasste diese Gespräche. Fast immer drehten sich die Gespräche der anderen um Sex. Aber sie sollten nicht so über Frau Schiller reden.

Ich träumte oft von ihr. Komisch, von Mia hatte ich noch

nie geträumt. In meinen Träumen streichelte Frau Schiller mich und ließ sich von mir küssen und anfassen.

Nein, schwul war ich ganz sicher nicht, aber Rufus kam immer mal wieder darauf zurück.

„Bestimmt hast du einen sehr kleinen Johnny, Schwuli-Caspari“, sagte er ein paarmal.

Ich versuchte wegzuhören und war froh, wenn wieder Einschluss war. Aber eines Tages hatte ich kein Glück.

„Zeig ihn doch mal her, Caspari“, sagte Rufus und schaute demonstrativ auf meine Hose.

„Lass mich, du Idiot“, fauchte ich, obwohl ich schon wieder Angst hatte. Und Rufus konnte Angst riechen. Zufrieden weidete er sich an meiner Nervosität.

„Hose runter, Schnucki“, sagte er mit gedämpfter, sanfter Stimme.

„Nein!“, sagte ich und schaute mich um. Wo waren die Beamten, die Dienst hatten?

„Doch!“, sagte Rufus. Norman und Daniel kamen plötzlich auch zu uns herübergeschlendert.

Und dann drehten sie mir seelenruhig den rechten Arm nach hinten, bis an die Schmerzgrenze und bis meine Knie einknickten.

„Schrei, und du kriegst was in die Schnauze“, warnte mich Norman vorsorglich und dann zogen sie mir die Jeans herunter. Und meine Boxershorts.

Wie gelähmt stand ich zwischen ihnen und hasste sie.

„He, ist ja gar nicht so winzig, dein Teil ...“, sagte Rufus und grinste breit.

Dann ließen sie mich wieder los und gingen zur Tagesordnung über, als sei gar nichts geschehen.

14

Jede Nacht schrieb ich in Gedanken an Mia.

Liebe Mia! Es tut mir schrecklich leid, dass ich dir so viel vorgelogen habe ...

Liebe Mia! Du fehlst mir so ...

Liebe Mia! Verabscheust du mich jetzt?

Liebe Mia! Ich würde dir so gerne alles erzählen ...

Liebe Mia! Ich liebe dich ...

Liebe Mia! Wie wird es sein, wenn ich hier rauskomme?

Liebe Mia! Verdammt, ich weiß, alles ist kaputt ...

Nichts von alledem taugte für einen Brief.

Ich wurde jeden Tag niedergeschlagener und in meinem Kopf wechselten sich Leere und Wut und Durcheinander ab. Warum besuchten mich noch nicht einmal meine Mutter oder meine Schwester? Warum hatte ich niemanden? Auch mein Feind vom Jugendamt war wie vom Erdboden verschwunden.

Die, die von ihren Familien Besuch bekamen, hatten fast alle einen eigenen Fernseher in ihrer Zelle. Und eine kleine Stereoanlage. Und Bilder an den Wänden.

Ich hatte gar nichts.

Rufus, der schon drei Jahre in der JVA war, hatte seine Zelle richtig eingerichtet. An der Wand neben seinem Bett hing ein Bild von seiner Mutter und seiner kleinen Schwester. Und an den übrigen Wänden hingen Poster von Boxern.

Meine Zelle war kahl. Ich hatte fast nichts dabei.

Eines Nachts, als ich nicht schlafen konnte, las ich im Schein der dämmrigen Nachtbeleuchtung das Buch, das Herr Bernhard mir zu meinem letzten Geburtstag geschenkt hatte.

Anschließend las ich es wieder und wieder. Es gefiel mir von Mal zu Mal besser. Schade, dass Adam nicht mehr da war. Ihm hätte es bestimmt auch gefallen und wir hätten darüber reden können.

In einer anderen Nacht, als ich wieder nicht schlafen konnte, griff ich nach meinem Kugelschreiber und fing an zu schreiben:

Wenn ich mich sehe,
erblicke ich eiskalten, unbarmherzigen Hass,
der sich wie ein Säurestrahl siedend heiß
durch meine dünne Hülle aus
Lebenswillen frisst.

Wenn ich nach außen schaue, sehe ich
Menschen, Ereignisse, Dinge, die auf mich
eindringen, aber im dichten Nebel
stecken bleiben.

Am Ende dieses Ganges ist eine Tür,
fest verschlossen von mir selber,
dahinter ich.
Wenn ich sie öffne, starrt mir
der Wahnsinn ins Gesicht.

Anschließend konnte ich schlafen.

Das Notizbuch, in das ich geschrieben hatte, schob ich unter meine Matratze.

Der April war schon fast zu Ende und am nächsten Tag, als Zellenaufschluss war, klopfte ich an Frau Schillers Bürotür.

„Hallo, Patrick“, sagte sie und lächelte mich an. „Na, alles in Ordnung?“

Zuerst nickte ich, aber dann schüttelte ich den Kopf.

„Ich glaube, ich schaffe es nicht mehr lange“, sagte ich leise und plumpste in einen der drei Korbsessel des Büros.

Frau Schiller schaute mich stumm an. Stumm und sanft und freundlich. Und obwohl sie so klein und rund und unscheinbar war, liebte ich sie. Ich hätte sie gerne als Mutter gehabt. An diesem Punkt blieben meine Gedanken stehen.

Meine Mutter ...

„Warum besucht mich meine Mutter nicht?“, fragte ich, und ich hörte, dass meine Stimme gereizt klang. Dabei war ich gar nicht gereizt. Oder jedenfalls nicht besonders gereizt.

„Ich glaube, es geht ihr nicht so gut“, sagte Frau Schiller und nickte mir zu. „Du kennst ihre Probleme ja selbst am besten.“

„Ja“, sagte ich und dachte mit Grauen an die Probleme meiner Mutter.

„Darf ich mal versuchen, sie anzurufen?“, fragte ich plötzlich. Einfach so, ich hatte überhaupt nicht vorgehabt, so etwas zu fragen.

Frau Schiller nickte und zeigte auf das Telefon.

„Du musst eine Null vorwählen.“

Meine Finger zitterten, während ich unsere Telefonnummer in Frau Schillers Telefon eintippte.

Aber natürlich sprang in unserer Wohnung nur der Anrufbeantworter an. Achselzuckend legte ich den Hörer wieder auf.

„Schreib deiner Mutter doch einen Brief“, schlug Frau Schiller vor.

„Eine blöde Idee“, murmelte ich, stand auf und ging zurück in meine Zelle.

Aber in der Nacht versuchte ich es doch.

Hallo, Mama ... schrieb ich. Aber weiter kam ich nicht. Wie gelähmt starrte ich auf diese zwei Wörter und dann riss ich das Blatt aus dem Block und zerknüllte es. Stattdessen zog ich zum zweiten Mal mein kleines Notizbuch unter der Matratze hervor.

Unendliche Müdigkeit, schrieb ich,
Jeder Tag eine Anstrengung,
an dem du dich nicht einfach fallen lässt.

Wozu das alles?
Welchen Sinn hat diese
Quälerei?
Warum nicht
fallen lassen?

Schlafen für immer.
Endlich Ruhe.
Eine Illusion?

Und dann wusste ich auf einmal, was ich tun würde. Ich hatte da diese Spiegelscherbe, die ich irgendwann einmal in der Wäscherei gefunden und mit in mein Zimmer genommen hatte. Dort hatte ich sie in einen kleinen Spalt in der Wand unter meinem Bett geschoben. Und jetzt holte ich sie hervor und schärfte sie an der Wand neben meinem Bett. Ich war auf einmal ganz ruhig.

Und dann schnitt ich mir die Pulsadern der linken Hand auf. Es ging nicht leicht und ich drückte und drückte die Scherbe immer wieder fest über die Ader an meinem Handgelenk. Irgendwann begann mein Arm zu bluten, zuerst nur ein bisschen, aber dann stärker und noch stärker. Ich konnte den Geruch von meinem eigenen Blut riechen und dann schlief ich ein.

Es war ein schönes Gefühl, wirklich.

Ich träumte sogar irgendetwas und auch, wenn ich nicht mehr weiß, was, weiß ich noch, dass es der beste Traum seit Ewigkeiten war.

Als ich wieder aufwachte, lag ich in einem fremden weißen Bett. Ich war auf der Krankenstation und dort blieb ich eine Woche. Herr Rosenberg, der Psychologe, besuchte mich jeden Tag. Genau wie Frau Schiller.

Ich schlief viel und sagte kein einziges Wort.

Einmal, als ich die Augen aufmachte, weil ich spürte, dass da jemand war, stand Rufus vor mir. Hinten, an der Tür, stand der Schließbeamte, der ihn hergebracht hatte.

Rufus und ich schauten uns an. Ich war sehr überrascht, ihn zu sehen.

„Tja, ich wollte nur mal nach dir schauen", sagte Rufus schließlich. Seine Stimme war nicht freundlich, aber auch nicht unfreundlich.

Ich schloss die Augen wieder, weil ich nicht wusste, was ich davon halten sollte, dass Rufus gekommen war. War das wieder eine Falle? Was würde Rufus den anderen über mich erzählen, wenn er zurück in unsere Wohngruppe ging?

„Okay, Caspari, ich gebe zu, ich habe neulich, als Aufschluss war, ein bisschen in deiner Zelle rumgewühlt. Nur so, aus Joke, okay. Weil irgendwer vergessen hatte, sie abzuschließen, nachdem sie dein Blut weggewischt hatten ..."

Ich öffnete meine Augen wieder.

„... und da habe ich dieses kleine Buch gefunden. War ja nicht besonders originell versteckt, was?"

Ich spürte, wie mir der Schweiß ausbrach. Stocksteif lag ich in diesem weißen Krankenstationsbett und konnte mich vor Entsetzen nicht rühren.

„... merkwürdigen Kram schreibst du da auf", sagte Rufus nachdenklich. „Zuerst dachte ich, wow, das ist was für die anderen. Der bekloppte Caspari ist ein zweiter Goethe, aber dann ..."

Rufus unterbrach sich, und zwar so lange, bis ich es nicht mehr aushielt und zum ersten Mal seit Tagen den Mund aufmachte.

„... du Arsch", murmelte ich heiser.

Rufus grinste. „Na ja, was ich eigentlich sagen wollte", fuhr er dann fort und schaute zu mir herunter. „Irgendwie hat mir das, was du da hingekritzelt hast, ganz gut gefallen, echt."

Mehr sagte Rufus nicht. Und ich sagte auch nichts mehr. Und dann drehte Rufus sich um und ging wieder.

Und ich lag noch lange reglos da und schaute auf die Sonnenstrahlen, die durch das vergitterte Fenster des Krankenzimmers hindurchschienen.

Es war ein sehr sonniger Frühling.

Es tat gut, wieder herumzulaufen. Dabei tat mein Handgelenk immer noch ziemlich weh. Herr Kilb, mein Lieblingsschließer, brachte mich zurück in meinen Trakt. Er war der Einzige, dessen Namen ich wusste.

„Mach so was besser nicht noch mal, Patrick", sagte er, als er mir meine Zellentür aufschloss. „Nicht immer läuft es so glimpflich ab."

Ich schwieg.

„Das wird schon wieder mit dir und deinem Leben", fuhr Herr Kilb fort und klopfte mir aufmunternd auf die Schulter. „Lass den Kopf nicht hängen."

Dann nickte er mir zu und schloss die Tür hinter mir ab.

Ich stand noch lange hinter der schweren grünen Tür und fühlte mich eigenartig.

Irgendwann ging ich langsam zu meinem Bett und schob meine Hand unter die Matratze.

Mein Buch war noch da. Rufus hatte es tatsächlich zurückgelegt.

Ich atmete auf.

Plötzlich gehörte ich dazu. Wir nickten uns zu, wenn wir uns auf dem Gang begegneten, und wir saßen, wenn Aufschluss war, zusammen im Gemeinschaftsraum oder im Hof. Manchmal spielten wir Tischtennis, aber wir bekamen alle schnell Streit miteinander und darum dauerten die Spiele nie sehr lange.

Nachts unterhielten wir uns quer über den hufeisenförmigen Hof, indem wir uns von unseren gekippten, vergitterten Fenstern aus Botschaften zubrüllten.

Einmal, als ein Neuer kam, wurde ich Zeuge, wie Rufus und Norman ihn packten und zu Boden stießen und auf ihn eintraten wie verrückt. Einfach so, morgens bei den Duschen, als der diensthabende Beamte gerade nicht in der Nähe war.

„He!“, rief ich. „Was soll das?“

Aber natürlich kümmerten sie sich nicht um mich.

„Warum macht ihr das immer?“, fragte ich Norman beim Frühstück.

Norman zuckte mit den Achseln. „Aus Spaß“, sagte er und grinste mir zu. „Ich liebe es zuzuhauen.“

Ein paar Tage, nachdem ich zurück in meinem Trakt war, bekam ich Besuch.

„Deine Mutter ist da“, sagte der Schließer und begleitete mich ins Besuchszimmer.

15

Meine Mutter saß an einem der runden Besuchertische und schaute mir unsicher entgegen. Sie war so dick wie immer, aber sie hatte ihre Haare gewaschen und hochgesteckt.

„Hallo, Patrick", sagte sie und schaute auf den Verband an meinem Handgelenk.

„Hm", sagte ich und setzte mich ihr zögernd gegenüber.

„Ich dachte, ich sollte mal kommen und nach dir schauen."

Unsere Blicke trafen sich.

Und dann berichtete mir meine Mutter mit ihrer dünnen, schleppenden Stimme alles, was ihr erwähnenswert erschien. Dass sie sich überlege, ihren Freund Per-Olaf zu heiraten. Sie sei sich noch nicht ganz sicher, aber es sei gut möglich, dass sie schwanger sei.

Ich schaute sie ungläubig an und dachte an Adams jahrelangen Wunsch nach einem Kind. Anscheinend hatte es wirklich an ihm gelegen, dass es nicht geklappt hatte.

„Ich mache jetzt eine Therapie", sagte meine Mutter plötzlich. „Wegen dem Alkohol, du weißt schon. Und wegen meinen Depressionen."

Wieder schauten wir uns für einen kurzen Moment in die Augen.

„Ich bin jetzt schon fast drei Monate hier", sagte ich dann zusammenhanglos.

Meine Mutter nickte.

„Und ich habe versucht, mich umzubringen", fuhr ich fort.

Meine Mutter nickte wieder.

„Du wärst bei deiner Geburt schon mal fast gestorben", sagte sie auf einmal. „Bei Patrizia ging alles glatt, aber bei dir gab es Komplikationen. Du hattest Probleme mit dem Herzen. Tagelang hatte ich Angst, du könntest sterben ..."

Davon hatte ich noch nie gehört.

„Hm“, machte ich, weil ich so verwirrt war, dass meine Mutter mir so etwas erzählte.

Daraufhin schwiegen wir beide.

„Ich meine ja nur“, sagte meine Mutter schließlich. „Du sollst dein Leben nicht einfach wegschmeißen.“

Ich nickte, obwohl ich es eigentlich nicht tun wollte.

„Tja, ich werde dann mal wieder gehen“, sagte meine Mutter eine Weile später und stand schwerfällig auf.

Ich nickte.

„Du bist ein guter Sohn, Juli“, sagte meine Mutter, als sie schon an der Tür stand, die hinausführte, während ich an der Tür stand, die zurück zu den Zellen führte.

Dann ging sie davon.

Ich hätte heulen können, wenn ich mir nicht geschworen hätte, nie mehr zu heulen.

In mir drin Armeen aus Gedanken, schrieb ich am Abend,
die gegen Mauern aus Eis anstürmen.
Wenn sie sie berühren, schmelzen die Mauern,
um sie ein wenig eindringen zu lassen
und dann
wieder zuzufrieren auf alle Ewigkeit.

Paradiesische Gärten voller bunter Früchte
in meinem Kopf,
ich greife mit beiden Händen
in die blühende Vielfalt
und starre entsetzt auf den Sand,
der mir zwischen den Fingern zerrinnt.

„Wie kann ich es schaffen, dass mein Leben in Ordnung kommt?“, fragte ich Frau Schiller. Ihre Antwort habe ich vergessen. Sie war lang und ausführlich und anstrengend.

Dann stellte ich Rufus die Frage.

„Leute wie wir haben immer Ärger am Hals", war Rufus' Antwort. Das weiß ich noch.

Liebe Mia!, schrieb ich niedergeschlagen auf ein Blatt Papier. *Wie kann ich es schaffen, dass mein Leben in Ordnung kommt? Dein Juli*

Wochenlang steckte der Brief in dem Notizbuch unter meiner Matratze. Aber dann ging ich eines Tages in Frau Schillers Büro und legte ihn dort in den Postkorb.

Alle Briefe, die wir schrieben, wurden kontrolliert, aber weil es Frau Schiller war, die ihn lesen würde, machte es mir nichts aus.

Dann war der Brief fort, doch es kam keine Antwort.

Meine Zelle war etwa acht Quadratmeter groß und das Fenster war klein und dass es sich nicht öffnen ließ, machte mich jeden Tag wütender.

Im Juni regnete es tagelang, es sah so aus, als würde der Sommer sich schlichtweg weigern zu kommen. Der Himmel war immerzu grau und ich dachte jeden Tag an Mia. Wahrscheinlich hatte sie mich längst vergessen. Wie peinlich, dass ich ihr diesen blöden Brief geschrieben hatte.

Vielleicht war sie ja jetzt mit Wladimir zusammen. Ich stellte mir vor, wie sie ihre kleine, schmale Hand in Wladimirs Hand schob. „Warum ist das Leben so beschissen?", fragte ich die graue Wand meiner Zelle. Es war lange nach Einschluss und das Alleinesein machte mich in den letzten Tagen fast wahnsinnig.

Ich kann meine Fantasie in die verschiedensten Ecken treiben und in jeder geht es mir ein bisschen schlechter, schrieb ich. Zuerst in mein Notizbuch. Und dann an die Wand. Und dann nochmal an die Wand. Und dann noch hundertmal.

„Warum ist mein Leben so beschissen?", schrie ich das vergitterte Fenster an.

Aber es gab mir keine Antwort, genauso wenig, wie die Wand mir eine Antwort gegeben hatte.

„Ich hasse alles!", schrie ich das dunkle Stück Himmel an, das ich von hier unten sehen konnte.

Warum antworteten mir nicht wenigstens Rufus oder Enriquo oder Daniel oder Fabrizio oder Ali?

„Verdammt, verdammt, verdammt!", brüllte ich.

Jetzt antwortete mir jemand. Es war Daniel.

„Ruhe, Mann!", brüllte er.

Da hielt ich es nicht mehr aus. Ich sprang auf und trat gegen mein Bett und gegen den Tisch an der Wand und dann packte ich den Stuhl, auf dem meine Klamotten lagen, und trümmerte ihn gegen den Spind. Anschließend trat ich gegen das kleine Nachtlicht und gegen die verschlossene grüne Tür und gegen das Waschbecken. Den kleinen, hässlichen Papierkorb schoss ich in die Luft wie einen Fußball. Sämtlicher Müll, der darin gelegen hatte, flog um mich herum.

„Ich will raus! Ich will raus! Ich will raus!", schrie ich wie von Sinnen.

Ich atmete auf, als die Tür sich öffnete. Zwei Schließer kamen zu mir herein und packten mich an den Armen. Ich tobte und schrie und wehrte mich, aber ich war doch froh, irgendwie wenigstens, dass sie da waren.

„Gib jetzt Ruh, Caspari", sagte einer der Beamten, der auch nett war und zusammen mit seinem Kollegen zerrte er mich aus meiner acht Quadratmeter großen Zelle in den nachtdämmrigen Flur.

„BGH", sagte er und zu dritt stolperten wir durch die Korridore.

BGH bedeutete *besonders gesicherter Haftraum,* das wusste ich. Fabrizio war schon einmal dort gewesen, als er ausgeflippt war und sich selbst und einen Beamten mit einem Kugelschreiber verletzt hatte.

Im BGH gab es gar nichts außer einer in der Wand vermauerten Pritsche mit einer dünnen, weichen Matte darauf. Pinkeln musste man dort in ein blankes Loch im Boden und es gab keinen Stuhl und keinen Tisch und keinen Schrank und kein Waschbecken. Dafür war der Raum videoüberwacht.

Auf dem Weg dorthin tat ich das, was ich nie mehr hatte tun wollen.

Ich weinte.

„Ist ja gut", sagte der nette Beamte, während sie mich mit sich zogen. Ich war völlig erschöpft und kraftlos auf einmal und die beiden Vollzugsbeamten legten mich auf der weichen Pritsche ab.

„Morgen sieht die Welt schon wieder ganz anders aus", sagte einer der beiden, und dann schlossen sie die Tür hinter mir. Hoch über meinem Kopf blinkte die Videokamera, die aufzeichnen sollte, was ich tat.

„Scheiße, verdammte ...", schrie ich ein paarmal sinnlos vor mich hin und starrte dabei böse zu der Kamera empor, dann rollte ich mich auf der Pritsche zusammen und schlief ein.

Ich arbeitete immer noch in der Wäscherei und mit den paar Cents, die ich dort verdiente, musste ich den Schaden bezahlen, den ich in dieser Nacht in meiner Zelle verursacht hatte.

„Was ist los mit dir in der letzten Zeit?", fragte Frau Schiller besorgt.

„Ich weiß nicht", sagte ich und dachte an Mia, die mir nicht geantwortet hatte. Auch meine Mutter hatte sich kein zweites Mal gemeldet.

Zusammen mit Rufus und Norman setzte ich heimlich hochprozentigen Alkohol an. Dazu klauten wir aus der Küche ein Päckchen Hefe und mischten es mit Brotresten, Obst und Zucker. Das Ganze füllten wir in drei leere Mineralwasserflaschen und versteckten es in der warmen Wäscherei hinter den drei riesigen, dampfenden Wäschetrocknern.

„In ein paar Tagen geht das Zeug ab wie Zunder", sagte Rufus zufrieden.

Jetzt war doch endlich Sommer geworden, warmer, sonniger Sommer. Es war der Monat, an dem ich Adam vor vielen Jahren kennengelernt hatte und dem ich meinen Spitznamen verdankte.

Ob Mia jetzt im Juli manchmal an mich dachte? An den verlogenen Proleten mit der alkoholkranken, schmuddeligen Mutter, der eines Abends, einfach so, einen früheren Klassenkameraden mit einem Messer niedergestochen hatte und dafür ins Gefängnis gekommen war?

Mit aller Gewalt vertrieb ich diese blödsinnigen, sinnlosen Gedanken.

Der Himmel über uns war hellblau und wolkenlos und manchmal flogen ganze Vogelschwärme über den engen, eintönigen Knasthof, in dem wir jeden Tag eine Weile herumhingen. In dieser Zeit verreiste Frau Schiller für drei Wochen.

Eine fremde Sozialpädagogin vertrat sie.

„Diese Möller ist kalt wie ein Eisschrank", sagte Rufus und verzog das Gesicht, nachdem Frau Möller sich uns vorgestellt hatte.

Und dann kam, was kommen musste. Abends, alleine in meiner Zelle, trank ich in kleinen Schlucken unseren selbst gebrauten Alkohol. Er schmeckte eigenartig, ein bisschen wie schlecht gewordener, vergorener Fruchtsaft. Aber er machte mich betrunken und das Betrunkensein kam schneller, als ich gedacht hatte. Die Zelle begann, sich um mich zu drehen. Zuerst nur langsam, aber dann immer heftiger. Ich spürte, wie mir der Schweiß ausbrach. Ich übergab mich ein bisschen, aber davon wurde mir nicht besser. Ärgerlich trank ich den Rest aus der Flasche. Die Schatten, die der Scheinwerfer auf dem Kontrollturm durch mein vergittertes Fenster warf, sahen auf einmal eigenartig aus. Erst wie spinnenartige Wesen, die mir Angst machten, dann wie Netze, die mich einwickelten und mir die Luft nahmen, aber dann wie Leitern, die es mir möglich machten, hier herauszukommen. Halb wusste ich, dass ich mir das alles nur einbildete, aber halb vergaß ich es auch. Und darum kletterte und hangelte ich mich an den Schattenleitern aus meiner Zelle und über die Mauer, die unseren Hof einschloss, und über die nächste Mauer, bis hinaus in die Freiheit. Dort rannte ich die Straße entlang, ich rannte und rannte, fast wie damals, nachdem das mit Wladimir passiert war und ich davongerannt war.

Und dann stand ich plötzlich vor Mias Haus. Und da war Mia. Ich sah sie genau. Zusammen mit Wladimir. Oder war es Lino? War es Lino, der sich zu mir umdrehte, den Arm um Mias Schulter gelegt, und zu mir sagte: „Sie ist jetzt meine Freundin, du Waschlappen ..."

Während ich das alles noch vor mir sah, war ich schon wieder dabei, meine Zelle auseinanderzunehmen.

Und wieder kam ich für den Rest der Nacht in den BGH.

Und am nächsten Tag kam es noch schlimmer. Frau Möller bestellte mich in Frau Schillers sonniges, gemütliches Büro. Doch mit Frau Möller hinter dem Schreibtisch sah es ganz anders aus. Und dann kam ich in den *Bunker*.

„Sechs Tage, Patrick", sagte Frau Möller und schaute mich eisig an. „Wegen unerlaubten Alkoholkonsums und Zerstörung des Zelleninventars."

Sie hatte mich extra von meiner Arbeit in der Wäscherei holen lassen, um mir diese Entscheidung mitzuteilen. Ich war gerade dabei gewesen, meine Wäsche zu waschen. Zwei Vollzugsbeamte stopften meine nassen Sachen wortlos in zwei blaue Plastiksäcke und verstauten sie in einem Winkel neben den Trocknern.

Dann ging ich stumm zwischen ihnen her hinunter in den Keller. Der Bunker war eine dämmrige, enge Zelle ohne elektrisches Licht. Nur solange es draußen hell war, fiel durch das winzige Fenster ein bisschen Licht. Ansonsten gab es dort gar nichts. Keine Geräusche von außerhalb, keine Freizeit, keinen Aufschluss, keinen Hofgang, nicht mal meine Schreibsachen oder etwas zu lesen.

Für die Tage, die folgten, habe ich kaum Worte. In meinem Kopf drehte sich alles. Angst, Wut, Hass, Trostlosigkeit, Wahnsinn, Müdigkeit und einerseits der Wunsch, einzuschlafen und nie mehr aufzuwachen, und auf der anderen Seite der Wunsch, mich von hier zu befreien, irgendwie, und still und leise hinaufzuschleichen und Frau Schillers Urlaubsvertretung totzuschlagen ...

Als ich wieder zurück in unseren Trakt kam, blendete mich das Licht, das dort oben war.

„Dumm gelaufen für dich“, begrüßte mich Rufus und klopfte mir auf die Schulter.

Ich ging langsam in meine Zelle. Jemand hatte mir die beiden blauen Plastiksäcke mit meiner nassen Wäsche hineingestellt. Ich knotete sie auf und sah, dass alle meine Sachen von einer dünnen, zarten Schimmelschicht bedeckt waren.

Eines Tages bekam ich einen Brief.

„Post für dich“, sagte Frau Schiller, die endlich wieder da war.

Plötzlich spürte ich von den Haarwurzeln bis zu den Fußspitzen ein heißes Kribbeln in meinem Körper.

Mia?

Hatte Mia mir geschrieben?

Aber der Brief war nicht von Mia, sondern von Mohammed.

Hi Patrick!, schrieb er.

Habe gerade von deiner Schwester erfahren, wo du steckst. Hatte nämlich bei dir angerufen. Du hast mir gefehlt und ich habe mir Sorgen gemacht, als nie mehr eine SMS von dir kam ...

Ich habe gehört, du hast einen niedergestochen. Verdammt, eine blöde Sache. Aber Schwamm drüber! Du bist und bleibst ein guter Kumpel. Also, wenn du wieder draußen bist, müssen wir uns wiedersehen.

Mir geht es ganz gut zurzeit, obwohl ich wieder solo bin ... Tja, so ist das Leben. Gebe mir aber Mühe, nicht wieder Ärger zu kriegen. Muss oft an unsere Zeit als „Gärtnersklaven" in der JAA denken. War eine lustige, gute Zeit mit dir.

Also, bis demnächst und lass dich nicht unterkriegen.

Mohammed

„Schön, dass du einen Freund hast", sagte Frau Schiller und lächelte dieses Lächeln, das ich so mochte. Sie sah noch besser aus als sonst.

Aber ich schien mich nicht zu meinem Vorteil verändert zu haben, im Gegenteil.

„Du siehst elend und abgespannt aus, Patrick", sagte Frau Schiller nämlich und bot mir schwedische Kekse aus ihren schwedischen Sommerferien an.

Ich schüttelte den Kopf.

„Du warst im Bunker, habe ich gehört", fuhr sie fort und stellte die Keksdose wieder zurück ins Regal.

„Diese Scheißkuh, die Sie vertreten hat, sollte man aufschlitzen", murmelte ich unfreundlich, stopfte mir Mohammeds Brief in die Hosentasche und ging davon.

Seit den Tagen im Bunker konnte ich nicht mehr schlafen. Jedenfalls nie länger als ein paar Minuten am Stück. Dann fuhr ich mit einem Ruck hoch und war wieder hellwach. So ging es Nacht für Nacht.

Und wieder hatten sie mir meinen Wäschereiverdienst nicht ausgezahlt.

„Die Sachen in den Zellen sind nicht dazu da, von betrunkenen Insassen zertrümmert zu werden", hatte mir der Abteilungsleiter unserer Station unfreundlich mitgeteilt und mir eine Liste ausgehändigt, auf der Punkt für Punkt festgehalten war, was die Sachen in meiner Zelle gekostet hatten.

Tagelang kochte ich und bekam mit jedem Streit, der sich mir näherte.

Und dann machte ich wieder einen Fehler. Ich riss alle meine Gedichte aus dem kleinen Notizbuch und zerrupfte sie in winzige Fetzen. Warum hatte ich diesen Blödsinn überhaupt aufgeschrieben? Anscheinend wurde ich hier drin allmählich völlig verrückt. Gereizt starrte ich auf den Berg aus Papierfetzen. Und dann machte ich einen zweiten Fehler. Denn ich machte mich fluchend daran, die Papierfetzen wieder zu sortieren. Es dauerte Stunden, bis ich es geschafft hatte. Wütend schrieb ich die wieder zusammengepuzzelten Texte erneut ab und stopfte die Blätter anschließend in einen JVA-Briefumschlag und machte dann den dritten Fehler des Tages. Denn ich schnappte mir meinen Kuli und kritzelte Mias Namen und ihre Adresse auf den Umschlag.

Verdammt, ich würde den ganzen Blödsinn Mia schicken ...

Sollte sie sich doch mit dem Wahnsinn in meinem Kopf abgeben.

16

In der folgenden Woche hatte ich nichts als Ärger. Zuerst prügelte ich mich mit Ali, als ich, nur so zum Spaß, gesagt hatte, alle Türken seien Schweine. Dabei war mein einziger Freund doch Türke, aber ich kam nicht mehr dazu, Ali das klarzumachen, denn da hatte er sich schon auf mich gestürzt und drosch auf mich ein.

„Dreckstürke!", fluchte ich und schlug zurück.

Dann erhielt ich einen Anruf von meiner Mutter, in dem sie mir mitteilte, dass sie in drei Wochen heiraten würde. Sie bekam tatsächlich ein Kind von ihrem dünnen, stillen Freund.

Ich fühlte mich eigenartig, als ich diese Neuigkeiten hörte.

„Zur Hochzeit deiner Mutter bekommst du einen Tag Hafturlaub", sagte Frau Schiller. „Allerdings nur, wenn du dich nicht wieder in eine Schlägerei verwickeln lässt bis dahin ..."

Dann geriet ich mit Norman und Rufus aneinander.

„Wenn sie dich für einen Tag rauslassen, bringst du auf dem Rückweg natürlich ein paar Pillen mit", sagte Rufus nämlich und packte mich am Arm. „Pass auf, das läuft so ..."

Und dann erklärte er mir seinen Plan. Anscheinend gab es in der Küche eine angestellte Küchenhilfe, die bereit war, bei der Sache mitzumachen.

„Nein, das mache ich nicht", sagte ich gereizt. „Das gibt bestimmt wieder ein Drama hier. Und ich habe echt keine Lust auf nochmal Bunker!"

„Nun mach dir mal nicht ins Hemd vor Panik, Schwuli ...", sagte Rufus ärgerlich.

Wir redeten noch eine Weile hin und her und Rufus blieb dabei, mich zusammenhauen zu lassen, wenn ich mich weigerte, bei dem Deal mitzumachen, und ich blieb dabei, dass ich mich weigern würde.

Dabei hatte ich immer noch Angst vor Rufus und seiner Macht auf unserer Station.

Tagelang wusste ich nicht, was ich tun sollte.

Mein Glück war, dass Rufus am darauffolgenden Wochenende Streit mit Norman bekam.

„Ich bring dich um, du Ratte!", brüllte er, obwohl keiner wusste, was überhaupt los war, und schlug Norman seine Faust ins Gesicht. Wir waren alle draußen im Hof und bis die diensthabenden Schließbeamten mitbekamen, was passiert war, hatte Rufus Norman komplett zusammengeschlagen. Normans Gesicht war blutverschmiert und sie brachten ihn auf die Krankenstation.

Rufus kam in den Bunker.

Ich atmete auf.

Es war eine kleine, kümmerliche Hochzeit. Außer meiner Mutter, Per-Olaf, Patrizia und mir war nur Per-Olafs alte Mutter dabei. Wir schlurften zu fünft ins Rathaus hinein und wieder hinaus und Per-Olaf war so still und zurückhaltend wie immer und seine alte Mutter hielt sich vorsichtshalber von mir fern. Anscheinend wusste sie, dass ich zurzeit eigentlich im Gefängnis war.

Dann war alles vorbei, auch die eine Nacht, die ich zu Hause verbringen durfte. Ich schlief in meinem alten Zimmer und dachte über die Menschen nach, die irgendwie zu meinem Leben gehörten.

Noah. Lino. Herr Bernhard. Herr Domejko. Mohammed. Rufus. Frau Schiller. Meine Mutter. Meine Schwester. Per-Olaf.

Und Mia.

Frühmorgens stand ich leise auf und holte mir das schnurlose Telefon in mein Zimmer. Mit kalten Fingern tippte ich Mias Telefonnummer und presste den Hörer an mein Ohr.

Es dauerte lange, bis das Tuten in der Leitung ein Ende hatte.

„Hier ist Konstantin Kirberg, wer ist da?“, piepste dann eine hohe Stimme.

Ich schwieg enttäuscht und hörte Mias kleinen Bruder noch ein paarmal *Hallo?* rufen, dann wurde die Verbindung unterbrochen.

Mittags fuhr mich Per-Olaf zurück ins Jugendgefängnis.

Wir schwiegen die ganze Fahrt, aber es war immerhin kein feindseliges Schweigen.

„Mach’s gut, Patrick“, sagte der neue Mann meiner Mutter, als ich aus dem Wagen ausstieg.

Ich nickte stumm und ging hinein.

Fast war es ein bisschen wie nach Hause kommen. Hier wusste ich wenigstens, wie das Leben lief.

Langsam schlenderte ich, nachdem ich auf Waffen und Drogen durchsucht worden war, in Begleitung eines Vollzugsbeamten zurück auf meine Station.

„He Patrick, ist das dein Gesicht, oder steckt eine Beutelratte in deinem Kragen?“, fragte Enriquo und schaute mich mit zusammengekniffenen Augen aus allernächster Nähe an.

„Mann, verpiss dich doch“, murmelte ich lahm.

„Du hast vielleicht eine sagenhafte Pickelfresse“, fuhr Enriquo fort und ging einen Schritt zurück. „Ist das Beulenpest, oder was?“

Ich schaute in Enriquos Augen und sah, dass sein Blick auf meiner Stirn haftete, auf der ich in der Tat in der letzten Zeit ein paar kleine, entzündete Pickel hatte.

Ich spürte, wie ich sauer wurde. Was sollte das? Das ging zu weit. Was sollten diese blöden Spielchen überhaupt?

„Ich habe keinen Bock mehr ...“, sagte ich gereizt und ging zurück zu meinem Stuhl.

„Das war gar nicht schlecht", sagte Herr Rosenberg, der Gefängnispsychologe, zufrieden.

Was wir hier machten, nannte sich Anti-Aggressionstraining und alle mussten daran teilnehmen.

Auch Rufus, zurück aus dem Bunker, hockte schlecht gelaunt auf einem Stuhl.

„Ein bisschen Zeit haben wir noch", sagte Herr Rosenberg, nachdem er einen Blick auf seine Armbanduhr geworfen hatte. Und dann forderte er uns auf, dass wir uns zu zweit aufstellen sollten, um uns dann unserem Partner rückwärts in die Arme fallen zu lassen.

„Übt Vertrauen", sagte Herr Rosenberg.

„Ich vertraue keinem", sagte Norman.

„Ich auch nicht", knurrte Daniel.

„Zumindest keinem hier ...", sagte Ali und schaute sich abschätzend in unserem Kreis um.

„Würdest du mir vertrauen?", fragte Frau Schiller, die auch beim Anti-Aggressionstraining mitmachte.

„Ja, Ihnen schon", sagte Ali und seine Stimme klang fast verlegen. „Aber Sie können mich nicht halten. Ich bin zu schwer für Sie."

„Doch, das schaffe ich schon", sagte Frau Schiller, aber Ali schüttelte den Kopf und verschränkte nur seine Arme vor der Brust.

„Traut sich wirklich niemand?", fragte Herr Rosenberg. Keiner antwortete.

„Ich denke, ihr seid Kerle?", bohrte Herr Rosenberg und schaute uns der Reihe nach an.

Zum Schluss machten es Enriquo und Karl, der neueste Zugang auf unserer Station, vor.

„So ein Blödsinn ...", knurrte Rufus gereizt und ging hinaus.

In der darauffolgenden Woche ging es um unsere Zukunft.

„Was für Wünsche in Bezug auf eure Zukunft habt ihr?", fragte Herr Rosenberg.

„Präsident von Amerika", rief Norman.

„Zuhälter wäre auch nicht schlecht", sagte Rufus. „Mit dem Job kann man sehr schnell steinreich werden ..."

„Denkt mal ganz realistisch nach, was ihr erreichen könntet, wenn ihr alles aus euch herausholt, was nur möglich ist", sagte der Psychologe in unseren Krach hinein. „Könnt ihr irgendetwas erreichen, was euch wirklich Spaß machen würde?"

Obwohl ich es nicht wollte, fing ich an nachzudenken. Als Kind hatte ich Tierarzt oder Zoodirektor werden wollen, aber das war natürlich jetzt unmöglich.

„So ein Mist, was?", sagte Ali und verdrehte die Augen.

Ich nickte, aber ich konnte es nicht ändern, dass ich weiter nachdachte.

Wie wäre es mit Tierpfleger? Oder Förster?

Irgendetwas würde ich später schließlich tun müssen, warum nicht etwas, was mir Spaß machen könnte?

„Ein paar von euch haben bestimmt schon Ideen im Kopf", vermutete Herr Rosenberg und schaute in die Runde.

„Jetzt passt einmal auf", fuhr er dann fort. „Natürlich geht nichts von heute auf morgen und hier in diesem Raum könnt ihr keine Schulabschlüsse nachholen. Und ich bin auch kein Zauberer – und noch nicht mal das Arbeitsamt. Aber ich kann euch einen Rat geben: Wenn ihr euer Ziel im Auge behaltet, kommt ihr nicht so leicht ins Straucheln ... Versteht ihr, was ich meine? Wenn ihr wisst, es gibt da etwas, wofür es sich lohnt, sich zu beherrschen, wenn euch das nächste Mal einer provoziert. Dann ist das schon ein Riesenschritt. Wie ein Geländer auf einer wackeligen Brücke über einem Fluss."

„Verdammt, mir faulen gleich die Ohren ab von diesem Scheiß", stöhnte Norman, aber ich sah es anders.

Irgendwie hatte ich verstanden, was Herr Rosenberg gemeint hatte. Das mit der Brücke und dem Geländer und dem Fluss darunter.

Der Fluss war die Messerstecherei gewesen und das Geländer war der Gedanke, dass ich vielleicht mal ein guter Tierpfleger werden könnte, irgendwann, wenn ich mich von Idioten wie Wladimir nicht mehr provozieren lassen würde.

„Ja, so ein Mist ...", murmelte ich, weil die anderen das von mir erwarteten. Aber in meinem Kopf herrschte zum ersten Mal seit Langem nicht nur Leere und Durcheinander.

Mia.

Mia.

Mia.

Ich wollte hier raus, wollte ein Zimmer mit einer offenen Tür haben, Musik hören, unter meine Bettdecke kriechen, um nachzudenken, zu träumen, in Ruhe zu schlafen und den Ärger meiner Vergangenheit zu vergessen.

Ich lag in der Dunkelheit der Nacht in meiner Zelle, der Sommer war schon fast wieder vorbei und ich schlief immer noch schlecht.

Immer öfter träumte ich jetzt nachts von Wladimir und von dem Gefühl, wie ich meine Hand mit dem Messer in seinen Oberkörper schlug. Am Anfang hatte ich mich gar nicht daran erinnern können, aber jetzt war die Erinnerung fast ununterbrochen da.

Ich wollte es so gerne vergessen, genau wie das Gefühl, dass ich hier eingesperrt war, dass man mich zwang, hinter der grünen verschlossenen Eisentür zu leben.

Aber ich konnte gar nichts vergessen.

Auch von Adam träumte ich manchmal. Nicht von dem

lustigen Adam, mit dem ich durch die Wälder und Wiesen gestreift war, sondern von dem brutalen, lauten, betrunkenen Adam, der meine Mutter geschlagen hatte.

Es war eine harte Zeit.

Ich war gar nicht mehr richtig ich. Ich hatte mich so verändert. Meine Füße waren um zwei Nummern gewachsen, seit ich in der JVA war, und auch meine Klamotten waren mir auf einmal alle zu klein. Außerdem musste ich mich seit ein paar Wochen rasieren.

Ich fühlte mich mir selber fremd.

Einmal besuchte mich meine Schwester. Sie war noch dünner als im Frühling und sogar noch dünner als bei der Hochzeit unserer Mutter vor drei Monaten.

„Ich gehe deswegen jetzt zur Therapie“, sagte sie leise.

Ich nickte.

„Und ich habe Mama erzählt, was Gunnar gemacht hat ...“

Wir schauten uns an.

„Und Juli, ich werde ihn anzeigen dafür“, fügte sie leise hinzu.

Ich nickte erneut und sah Patrizia für einen Moment wieder vor mir, wie sie früher ausgesehen hatte, klein und sommersprossig und dünn und mit ihrer Schlafente in der Hand.

Ich wollte ihr so gerne etwas Nettes sagen und ihr zur Seite stehen und sie beschützen, aber ich wusste nicht, wie ich das schaffen sollte.

Ich fühlte mich nicht stark genug dazu.

Warum haben manche Menschen ein leichtes Leben und andere ein schweres Leben? Gerecht ist das nicht. Aber anscheinend ist die Welt einfach ungerecht ... Man muss sich damit abfinden, wenn man nicht durchdrehen will!, schrieb ich abends in mein Notizbuch.

In der gleichen Nacht versuchte ich, mit meinen Gefühlen für Mia Schluss zu machen.

Was für einen Sinn hatte es noch, ständig an sie zu denken? Sie hatte mich, wie es schien, längst vergessen. Und ich wurde bei dem Gedanken an sie immer noch fast verrückt vor Sehnsucht und Verzweiflung.

Es ist vorbei ... schrieb ich in großen Buchstaben auf ein Blatt und klebte es mit Klebstreifen an die Wand neben meinem Bett. Die halbe Nacht starrte ich verzweifelt darauf.

Wie würde es sein, wenn meine Zeit im Gefängnis vorbei war? Was erwartete mich? Wer erwartete mich?

Ich wickelte mich fest in meine Bettdecke und konnte nicht einschlafen.

Fast überdeutlich sah ich Mias schmales Gesicht vor mir. Und ihre ernsten, dunklen Augen. Und ihre schöne Stirn. Und ihre weichen, glänzenden, glatten Haare.

Und am nächsten Tag war sie da.

Ich konnte es kaum glauben.

Ich war morgens aufgestanden und wir hatten einen schwierigen Englischtest geschrieben. Am Mittag hatte ich meinen Dienst in der Wäscherei hinter mich gebracht und danach zusammen mit Ali den Stationsflur und die Toiletten gewischt. Diesen Dienst hassten wir alle besonders.

Und dann rief Frau Schiller plötzlich:

„Patrick, du hast Besuch ..."

Wie war das möglich? Schließlich war meine Schwester erst gestern da gewesen und Besuche waren eigentlich nur alle vierzehn Tage gestattet. War zu Hause etwas passiert?

„Ist es meine Mutter?", fragte ich nervös auf dem Weg zum Besucherzimmer. Komisch, dass ich meine Mutter doch liebte. Früher hatte ich geglaubt, nur Adam zu lieben.

Diesmal begleitete mich kein Schließer, sondern Frau Schiller selbst.

Sie schüttelte den Kopf.
„Wer ist es dann?", fragte ich misstrauisch und dachte an Herrn Bernhard.
Dann waren wir da, und Frau Schiller öffnete die Besucherzimmertür.
Und da saß sie und schaute mir entgegen.
Mia ...
Ich zuckte zusammen und blieb stehen. Ich konnte einfach keinen Schritt mehr gehen.
Mia war gekommen.
„Hallo, Juli ...", sagte sie vorsichtig.
Ich konnte auch nichts sagen.
Ich konnte nur wie angewurzelt dastehen und mich zum Trottel machen. Wie durch Nebel sah ich, dass Mia aufstand und fragend von Frau Schiller zu dem Vollzugsbeamten schaute, der ebenfalls mit im Raum war. Frau Schiller nickte, warum auch immer. Da kam Mia auf mich zu und lehnte sich an mich.
„Es tut mir leid", sagte sie leise.
„Was tut dir leid?", fragte ich zurück, plötzlich konnte ich wieder sprechen.
„Dass ich so lange nicht gekommen bin", sagte Mia.
Ich schwieg, wie so oft in meinem Leben.
„Ich musste erst über alles nachdenken", sagte Mia. „Über dich und meine Gefühle für dich. Und darüber, was du getan hast. Und darüber, dass du mich so lange angelogen hast. Und darüber, was ich beim Spaghettikochen zu dir über das Armsein gesagt habe. Und über meine Zeit in Rumänien ..."
Ganz langsam hob ich meine bleischweren Arme und legte sie um Mia.
Schweigend schauten wir uns an.
„Stell dir vor, meine Eltern haben einen Brief aus Rumä-

nien bekommen", sagte Mia dann so leise, dass ich es gerade noch verstehen konnte. „Meine leibliche Mutter ist krank, und sie möchte mich gerne sehen."

Mia sah plötzlich ängstlich aus. „Zuerst wollte ich auf keinen Fall", fuhr sie schließlich zögernd fort. „Aber meine Eltern sagen, es sei wichtig, und ich solle es tun. Sie wollen mit mir hinfahren ..."

Wieder schauten wir uns an.

„Dann kam dein Brief mit diesen Gedichten und sie haben mir so gefallen und ich habe gedacht, ich kann vielleicht doch nach Rumänien fahren. Würdest du mitkommen? Meine Eltern sagen, für sie wäre es in Ordnung, wenn du mitkämst."

Von draußen prasselten dicke Regentropfen gegen die vergitterte Fensterscheibe. Sehr langsam ging ich mit Mia an denselben Besuchertisch, an dem ich am Tag zuvor mit meiner Schwester gesessen hatte. Und damals, nachdem ich versucht hatte, mir das Leben zu nehmen, mit meiner Mutter.

Komisch, dass das Leben immer weiterging.

Meine Schwester lag mir am Herzen.

Meine Mutter würde noch ein neues Kind haben, für das ich Sonnenblumen zur Begrüßung pflanzen wollte.

Mohammed wollte mich wiedersehen.

Mia war hier bei mir.

Ich wollte den kleinen Baum im Wald wieder finden, im nächsten Frühling. Vielleicht zusammen mit Mia, wenn wir aus Rumänien zurück waren.

„Schön, dass du gekommen bist, Mia", sagte ich und atmete auf.

„Weil du mir gefehlt hast", sagte Mia.

Epilog

Juli ist heute wieder in Freiheit. Allerdings wohnt er nicht zu Hause bei seiner Mutter, sondern wieder in einer betreuten Wohngemeinschaft.

Seine Mutter hat in der Zwischenzeit einen zweiten Sohn bekommen. Es geht ihr heute wesentlich besser als früher. Eine Familienhilfe betreut die Familie.

Juli besucht seine Mutter und den kleinen Bruder ab und zu. Seine Schwester Patrizia kämpft immer noch mit einer Essstörung und ist seit ein paar Wochen in einer stationären Einrichtung, in der sie psychotherapeutisch betreut wird. Sie hat dort von den sexuellen Übergriffen ihres Vaters erzählt und es geht ihr seitdem deutlich besser.

Juli ist immer noch mit Mia befreundet.

„Aber manchmal ruft sie tagelang nicht an", erzählt mir Juli. „Oder ich rufe tagelang nicht an."

Er zuckt nachdenklich mit den Achseln. „Und dann telefonieren wir wieder stundenlang und alles ist klar zwischen uns ..."

Wieder schweigt Juli eine Weile. „In Rumänien waren wir noch nicht", erzählt er dann weiter. „Aber Mia hat ihrer leiblichen Mutter eine Postkarte geschrieben und wenn sie doch eines Tages hinfährt, fahre ich mit. Das habe ich ihr versprochen ..."

Mit Mias Eltern versteht Juli sich immer noch gut und es war Mias Mutter, die ihn dazu gebracht hat, ebenfalls eine Postkarte zu schreiben.

„Ja, ich habe an Bärbel geschrieben", sagt er nachdenklich. „Ich habe ihr einfach eins von den verrückten Gedichten geschickt, die ich in der JVA geschrieben habe. Und untendrunter habe ich meinen Namen geschrieben, sonst nichts."

Es hat eine Weile gedauert, aber dann kam eine Antwort.

„Eine Karte mit einem Glücksschwein drauf", sagt Juli. Er hat diese Karte immer dabei, zweimal zusammengeknickt im Portemonnaie.

„Vielleicht besuche ich Bärbel wieder mal“, sagt Juli zögernd. Mehr will er zu der Sache aber nicht sagen.

Außerdem hat Juli in der Zwischenzeit den Hauptschulabschluss nachgeholt.

„Ich würde gerne Tierpfleger werden“, erzählt er.

In drei Wochen wird er in einem nahe gelegenen Tierpark erst einmal ein Praktikum machen.

„Ich wünsche mir tausend Sachen“, sagt Juli zum Schluss.

„Ich will ein Haus mit einem riesigen, wilden Garten. Und ein geiles Auto. Und viel Kohle. Und eine Weltreise mit Mohammed machen. Und meinem kleinen Bruder zur Seite stehen. Und vielleicht mal ein Kind mit Mia. Und nie mehr in den Knast. Und Bärbel wiedersehen. Und einen Hund haben. Und ... ach, ich weiß nicht, eben noch tausend Sachen ...“

Adressen

Deutschland
Nummer gegen Kummer e.V.
Tel.: 0800 1110333
bundesweit kostenlos; montags bis freitags 14–20 Uhr
Internetberatung unter *www.nummergegenkummer.de*
E-Mail: *info@nummergegenkummer.de*
http://www.kinderundjugendtelefon.de

Schweiz
Kinderschutz Schweiz
Hirschgraben 8
Postfach 6949
3001 Bern
Tel.: +41 (0)31 3891015
freitags 14–15 Uhr
E-Mail: *info@kinderschutz.ch*
http://www.kinderschutz.ch

147 – Telefonhilfe für Kinder und Jugendliche
c/o pro juventute
Seehofstraße 15
8032 Zürich
Tel.: 147
aus der Schweiz kostenlos; rund um die Uhr erreichbar
SMS-Beratung: kostenlose SMS an 147
http://www.147.ch

Österreich
Österreichischer Kinderschutzbund
Verein für gewaltlose Erziehung
Obere Augartenstraße 26–28
1020 Wien
Tel.: +43 (0)699 81513811
E-Mail: *verein@kinderschutz.at*
http://www.kinderschutz.at

Ö3-Kummernummer
Tel.: 0800 600607
aus Österreich kostenlos; täglich 16–24 Uhr
http://oe3.orf.at

Jana Frey, geboren im April 1969 in Düsseldorf, fing schon als Fünfjährige an mit dem Schreiben. Unzählige dieser sehr frühen Werke hat sie sich aufgehoben. Und seit damals hat sie geschrieben und geschrieben und geschrieben. Sie schrieb zu Hause in Deutschland, aber auch in Amerika und Neuseeland, auf der anderen Seite der Weltkugel. Zwischendurch hat sie Literatur studiert und eine Familie gegründet. Sie veröffentlicht Kinder- und Jugendbücher und arbeitet auch fürs Fernsehen. Mit ihrem Roman „Höhenflug abwärts“ war sie 2004 für den Deutschen Jugendliteraturpreis nominiert.

Themen, die bewegen

Sandra spürt, wie sich alle fragen, wann endlich mehr aus ihrer Freundschaft zu Thomas wird. Dabei kann sie mit ihm einfach super reden, aber verliebt ist sie eigentlich nicht! Meikes wunderbare Augen verzaubern sie dagegen sofort. Hat sie sich tatsächlich in ein Mädchen verliebt? Plötzlich stürzt Sandra in ein Durcheinander aus Vorurteilen, Angst, Ablehnung, Versteckspielerei und einem ganz neuen, wunderschönen und großen Gefühl!

Sofie, 14 Jahre, lebt auf der Straße. Zuhause hat sie es nicht mehr ausgehalten, doch schnell muss sie begreifen, dass sich ihre Hoffnung auf Freiheit nicht erfüllt. Stattdessen wird ihr Alltag ein Kampf gegen Hunger, Einsamkeit und pure Verzweiflung. Immer tiefer gerät Sofia in einen Teufelskreis, aus dem sie sich mit eigener Kraft nicht befreien kann. Doch dann lernt sie Ärtze kennen …

Loewe